공부 잘하는 아이, 독서 잘하는 아이로 키우려면 어휘력 먼저 키워 주어야 합니다!

공부 잘하고 책 잘 읽는 똑똑한 아이들에게는 공통점이 있습니다. 바로 그 아이들이 알고 있는 단어가 많다는 것입니다. 어휘력이 좋아서 책을 잘 읽는 것은 이해가 되는데, 어휘력이 좋아야 공부도 잘한다는 것은 설명이 좀 필요할 것 같습니다. 다음 말을 읽고 곰곰이 한번 생각해 보세요.

"사람은 자신이 아는 단어의 수만큼 생각하고 표현한다."
"하나의 단어를 아는 것은 그 단어를 둘러싸고 있는 세상을 아는 것이다."

이 말에 동의한다면 왜 어휘력이 좋아야 공부를 잘하는지 알 수 있을 것입니다. 공부는 세상을 이해하고 자신을 표현하는 일련의 과정이기 때문에, 어휘력을 키우면 세상을 이해하는 능력과 사고력이 자라서 공부를 잘하는 바탕이 마련됩니다.

예를 들어 볼까요? 두 아이가 있습니다. 한 아이는 '알리다'라는 낱말만 알고, 다른 아이는 '알리다' 외에 '안내하다', '보도하다', '선포하다', '폭로하다'라는 낱말도 알고 있습니다. 첫 번째 아이는 어떤 상황이든 '알리다'라고 뭉뚱그려 생각하고 표현합니다. 하지만 두 번째 아이는 길을 알려 줄 때는 '안내하다'라는 말을, 신문이나 TV에서 알려 줄 때는 '보도하다'라는 말을, 세상에 널리 알릴 때는 '선포하다'라는 말을 씁니다. 또 남이 피해를 입을 줄 알면서 알릴 때는 '폭로하다'라고 구분해서 말하겠지요. 이렇듯 낱말을 많이 알면, 보다 정확하게 이해하고 정교하게 표현할 수 있습니다.

〈세 마리 토끼 잡는 초등 어휘〉는 아이들의 어휘력을 키워 주려고 탄생했습니다. 아이들이 낱말을 재미있고 효율적으로 배울 뿐 아니라, 낯선 낱말을 만나도 그 뜻을 유추해 내도록 이끄는 것이 〈세 마리 토끼 잡는 초등 어휘〉의 목표입니다. 공부 잘하는 아이, 독서 잘하는 아이로 키우고 싶다면, 이 글을 읽는 순간 이미 목적지에 한 발 다가선 것입니다. 〈세 마리 토끼 잡는 초등 어휘〉가 공부 잘하는 아이, 독서 잘하는 아이로 책임지고 키워 드리겠습니다.

세 마리 토끼 잡는 초등 어휘 는 어떤 책인가요?

1 한자어, 고유어, 영단어 세 마리 토끼를 잡아 어휘력을 통합적으로 키워 주는 책

〈세 마리 토끼 잡는 초등 어휘〉는 한자어와 고유어, 영단어 실력을 단단하게 만들어 주는 책입니다. 낱말 공부가 지루한 건, 낱말과 뜻을 1:1로 외우기 때문입니다. 이렇게 공부하면 낯선 낱말을 만났을 때 속뜻을 헤아리지 못해 낭패를 보지요. 〈세 마리 토끼 잡는 초등 어휘〉는 속뜻을 이해하면서 한자어를 공부하고, 이와 관련 있는 고유어와 영단어를 연결해서 공부하도록 이루어져 있습니다. 흩어져 있는 글자와 낱말들을 연결하면 보다 재미있게 공부하고 오래 기억할 수 있습니다.

우아, 후식 좀 봐!

'외식'은 밖에서 먹는 것, '후식'은 식사 후에 먹는 것, '급식'은 식사를 나눠 주는 거야. 그렇다면 '식(食)' 자에는 먹는다는 뜻이 담겨 있구나.

제법인데~!

그럼 초식 동물, 육식 동물에 들어가는 '식' 자도 먹는다는 뜻?

맞아! '초식 동물'은 풀을 먹는 동물, '육식 동물'은 고기를 먹는 동물이야.

그럼 '식'은 영어의 eat와 같은 말이네?

그렇긴 한데, 가끔은 have와 take도 먹는다는 뜻으로 쓰여. 점심을 먹을 땐 have lunch, 약을 먹을 땐 take medicine이라고 하거든.

이야! 한자랑 한자어, 영어를 같이 공부하니까 이해도 쉽고 외우기도 쉽네~!

케이크도 더 맛있고, 히히히.

방

방방

2 한자가 아니라 '한자 활용 능력'을 키워 주는 책

많은 아이들이 '날 생(生)' 자는 알아도 '생명', '생계', '생산'의 뜻은 똑 부러지게 말하지 못합니다. 한자와 한자어를 따로따로 공부하기 때문이지요. 〈세 마리 토끼 잡는 초등 어휘〉는 한자를 중심으로 다양한 한자어를 공부하도록 구성하여 한자를 통해 낯설고 어려운 낱말의 속뜻도 짐작할 수 있는 '한자 활용 능력'을 키워 줍니다.

3 교과 지식과 독서·논술 실력을 키워 주는 책

〈세 마리 토끼 잡는 초등 어휘〉는 추상적인 낱말과 개념어를 잡아 주는 책입니다. 고학년이 되면 '사고방식', '민주주의' 같은 추상적인 낱말과 개념어를 자주 듣게 됩니다. 이런 어려운 낱말은 아이들의 책 읽기를 방해하고 공부에 대한 흥미를 잃게 하지요. 하지만 〈세 마리 토끼 잡는 초등 어휘〉로 공부하면 낱말과 지식을 함께 익힐 수 있어서, 교과 공부는 물론이고 독서와 논술을 위한 기초 체력도 기를 수 있습니다.

세 마리 토끼 잡는 초등 어휘 는 어떻게 이루어져 있나요?

1 전체 구성

〈세 마리 토끼 잡는 초등 어휘〉는 다섯 단계(총 18권)로 이루어져 있습니다.

단계	P단계	A단계	B단계	C단계	D단계
대상 학년	유아~초등 1년	초등 1~2년	초등 2~3년	초등 3~4년	초등 5~6년
권 수	3권	4권	4권	4권	3권

2 권 구성

〈세 마리 토끼 잡는 초등 어휘〉 한 권은 내용에 따라 PART1, PART2, PART3으로 나누어져 있습니다.

PART 1 핵심 한자로 배우는 기본 어휘(2주 분량)

10개의 핵심 한자를 중심으로 한자어와 고유어, 영단어를 익히는 곳입니다. 한자는 단계에 맞는 급수와 아이들이 자주 듣는 낱말이나 교과 연계성을 고려해 선별하였습니다. 한자와 낱말은 한눈에 들어오게 어휘망으로 구성하였고, 다양한 활동을 통해 낱말의 뜻을 익힐 수 있게 꾸렸습니다. 또한 교과 관련 낱말을 별도로 구성해서 교과 지식도 함께 쌓을 수 있습니다.

단계별 구성(P단계에서 D단계로 갈수록 핵심 한자와 낱말의 난이도가 높아지고, 낱말 수도 많아집니다.)

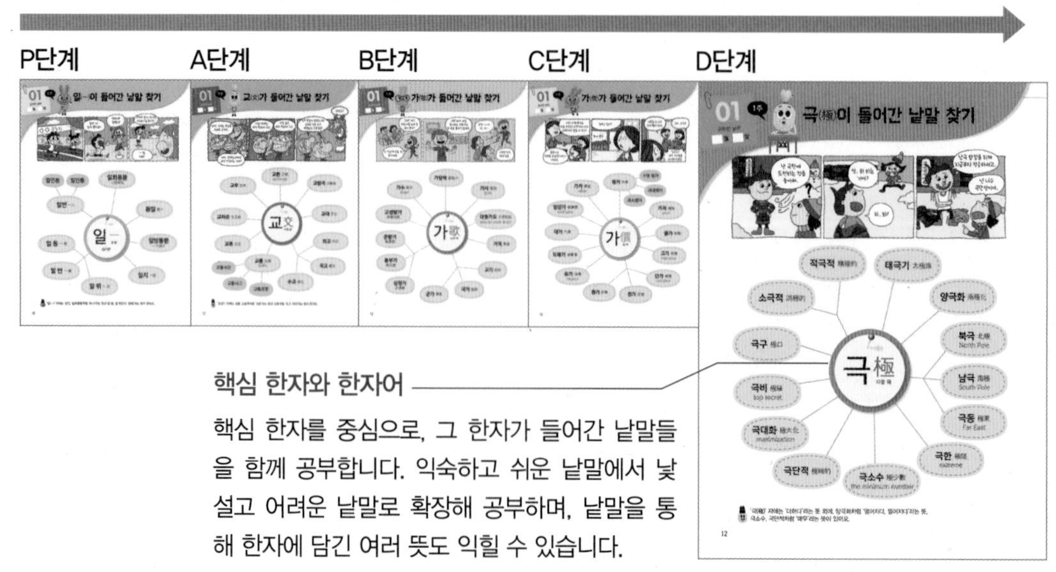

핵심 한자와 한자어

핵심 한자를 중심으로, 그 한자가 들어간 낱말들을 함께 공부합니다. 익숙하고 쉬운 낱말에서 낯설고 어려운 낱말로 확장해 공부하며, 낱말을 통해 한자에 담긴 여러 뜻도 익힐 수 있습니다.

PART 2 뜻을 비교하며 배우는 관계 어휘(1주 분량)

관계가 있는 여러 낱말들을 연결해서 공부하는 곳입니다. '輕(가벼울 경)', '重(무거울 중)' 같은 상대되는 한자나, '동물', '종교' 등 하나의 주제를 중심으로 관련 있는 낱말들을 모아서 익힐 수 있습니다.

상대어로 배우는 한자어

상대되는 한자를 중심으로 상대어들을 함께 묶어 공부합니다. 상대어를 통해 어휘 감각과 논리력을 키울 수 있습니다.

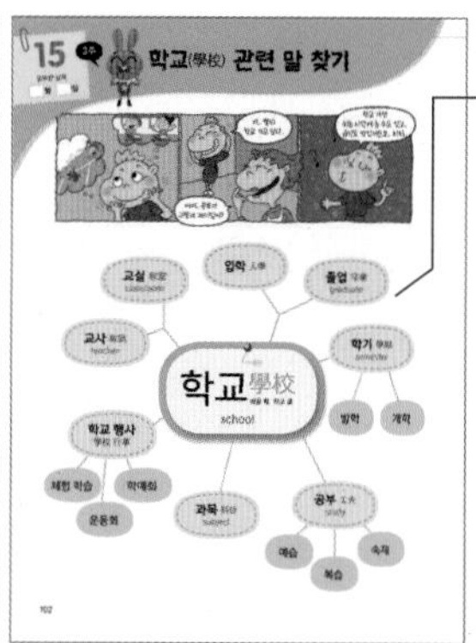

주제로 배우는 한자어

음식, 교통, 방송, 학교 등 하나의 주제와 관련 있는 낱말을 모아서 공부합니다.

PART 3 소리를 비교하며 배우는 확장 어휘(1주 분량)

소리가 같거나 비슷해서 헷갈리는 낱말이나, 낱말 앞뒤에 붙는 접두사·접미사를 익히는 곳입니다. 비슷한말을 비교하면서 우리말을 좀 더 바르게 쓸 수 있습니다.

헷갈리는 말 살피기

'가르치다/가리기다', '~던지/~든지'처럼 헷갈리는 말이나 흉내 내는 말을 모아 뜻과 쓰임을 비교합니다.

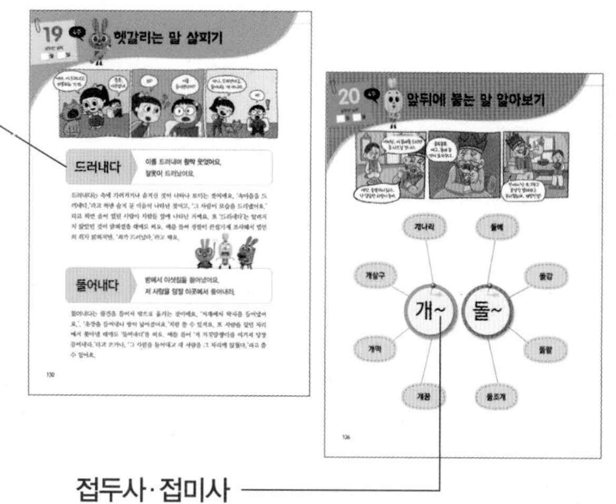

소리가 같은 말 비교하기

소리가 같은 한자를 중심으로, 소리는 같지만 뜻이 다른 동음이의어를 공부합니다.

접두사·접미사

'~장이/~쟁이'처럼 낱말 앞뒤에 붙어 새로운 뜻을 더하는 접두사·접미사를 배웁니다.

세 마리 토끼 잡는 초등 어휘 1일 학습은 어떻게 짜여 있나요?

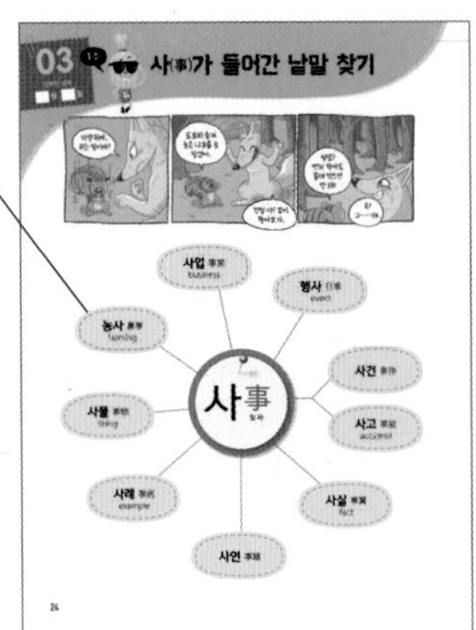

어휘망

어휘망은 핵심 한자나 글자, 주제를 중심으로 쓰임이 많은 낱말을 모아 놓은 마인드맵입니다. 한자의 훈음과 관련 낱말들을 익히면, 한자를 이용해 낱말들의 속뜻을 짐작할 수 있습니다.

먼저 확인해 보기

미로 찾기, 십자말풀이, 색칠하기 등 다양한 활동을 하며 낱말의 뜻을 정확히 알고 있는지 확인할 수 있습니다.

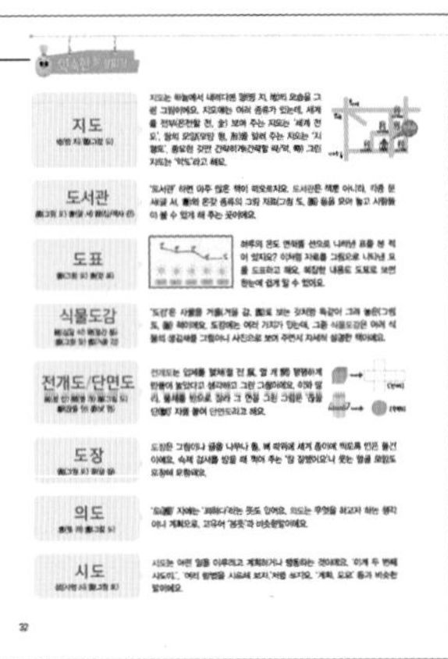

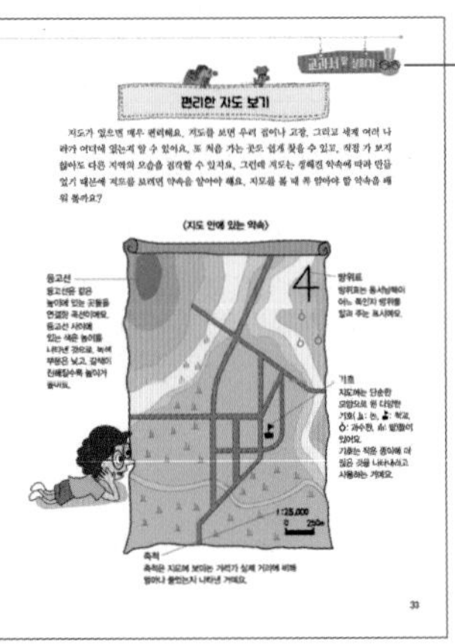

익숙한 말 살피기

낱말을 아이들 눈높이에 맞춰 한자로 풀어 설명합니다. 한자와 뜻을 연결헤 공부하면서 한자를 이용한 속뜻 짐작 능력을 키울 수 있습니다.

교과서 말 살피기

교과 내용을 낱말 중심으로 되짚어 봅니다. 확장된 지식과 낱말 상식 등을 함께 공부할 수 있습니다.

특별 구성

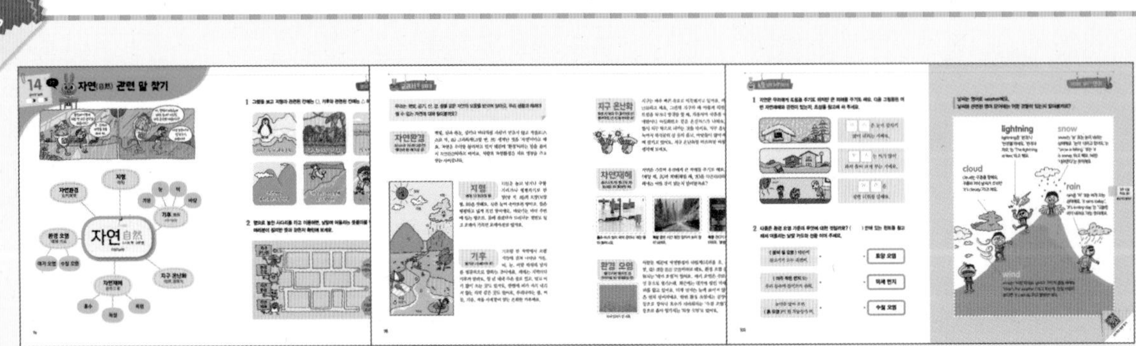

★ '주제로 배우는 한자어'는 동물, 학교, 수 등 주제를 중심으로 관련 어휘를 확장해서 공부합니다.

속뜻 짐작 능력 테스트

앞에서 배운 내용을 잘 이해했는지 확인하고, 핵심 한자를 활용해 낯설거나 어려운 낱말의 뜻을 스스로 짐작해 봅니다.

어휘망 넓히기

관련 있는 영단어와 새말 등을 확장해서 공부할 수 있습니다. QR 코드를 찍으면 영어 발음을 듣고 배울 수 있습니다.

재미있는 우리말 유래 / 이야기

재미있는 우리말 유래/이야기

한 주 학습을 마치면, 우리말 유래나 우리말에 얽힌 이야기를 소개하는 재미있는 만화가 기다리고 있습니다.

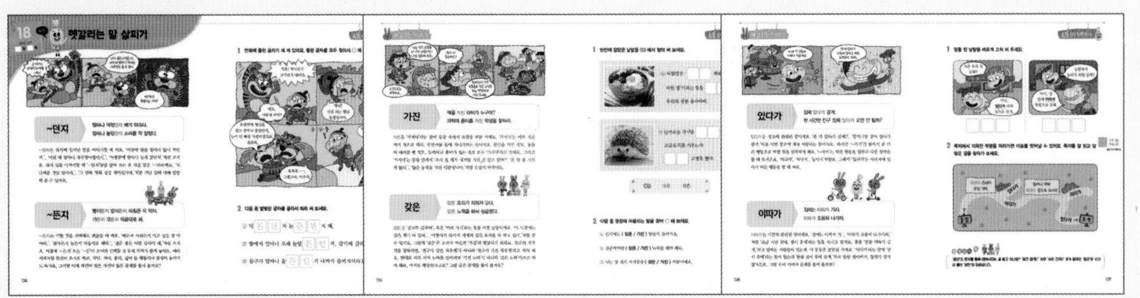

★ '헷갈리는 말 살피기'는 소리가 비슷한 낱말들을 비교할 수 있게 구성하였습니다.

세 마리 토끼 잡는 초등 어휘 이렇게 공부해요

1 매일매일 꾸준히 공부해요

〈세 마리 토끼 잡는 초등 어휘〉는 매일 6쪽씩 꾸준히 공부하는 책이에요. 재미있는 활동과 만화가 있어서 지루하지 않게 공부할 수 있지요. 공부가 끝나면 '○주 ○일 학습 끝!' 붙임 딱지를 붙이고, QR 코드를 이용해 영어 발음도 들어 보세요.

2 또 다른 낱말도 찾아보아요

하루 공부를 마치고 나면, 인터넷 사전에서 그날의 한자가 들어간 다른 낱말들을 찾아보세요. 아마 '어머, 이 한자가 이 낱말에 들어가?', '이 낱말이 이런 뜻이었구나.'라고 깨달으며 새로운 즐거움에 빠질 거예요. 새로 알게 된 낱말들로 나만의 어휘망을 만들면 더욱 도움이 될 거예요.

3 보고 또 봐요

〈세 마리 토끼 잡는 초등 어휘〉는 PART1에 나온 한자가 PART2나 PART3에도 등장해요. 보고 또 보아야 기억이 나고, 비교하고 또 비교해야 정확히 알 수 있기 때문이지요. 책을 다 본 뒤에도 심심할 때 꺼내 보며 낱말들을 내 것으로 만들어 보세요.

한 주 학습표

월	화	수	목	금	토
매일 6쪽씩 학습하고, '○주 ○일 학습 끝!' 붙임 딱지 붙이기					주요 내용 복습하기

세 마리 토끼 잡는 초등 어휘

주	일차	단계		공부할 내용	교과 연계 내용
1주	1	PART1 (기본 어휘)		기(記)	[음악 3] 오선 악보와 음표 알아보기
	2			등(登)	[체육 3] 등산할 때 주의할 점 생각해 보기
	3			출(出)	[과학 4-2] 화산 분출 원리와 구조 알기
	4			방(方)	[국어 4-2] 표준어와 방언의 뜻 알기 / 각 지역 방언 알아보기
	5			우(雨)	[통합교과 여름 1] 여름 날씨의 특징 알기
2주	6			초(草)	[통합교과 겨울 1] 조상의 지혜가 담긴 전통 집 알기 [사회 3-2] 옛사람들의 주거 형태 알기
	7			촌(村)	[통합교과 가을 2] 동네의 모습 알기
	8			명(明)	[국어 2-1] 발명하고 싶은 물건 설명하기
	9			화(花)	[통합교과 봄 1] 식물이 자라는 과정 알아보기 [사회 3-2] 각 고장의 자랑거리 알아보기
	10			전(全)	[통합교과 겨울 2] 줄넘기 하는 방법 알기
3주	11	PART2 (관계 어휘)	상대어	심신(心身)	[국어 1-2] 자신의 기분을 말하는 방법 알기 [통합교과 봄 2] 상황별 친구 마음 짐작하기
	12			냉온(冷溫)	[통합교과 겨울 2] 세계 여러 나라의 날씨 알기
	13			춘하추동 (春夏秋冬)	[통합교과 겨울 2] 겨울에 동물들이 어떻게 사는지 알아보기
	14		주제어	기후(氣候)	[통합교과 여름 1] 여름 날씨 알아보기
	15			식물(植物)	[통합교과 봄 1] 봄에 볼 수 있는 새싹과 꽃 살피기 [과학 4-1] 잎과 줄기, 꽃과 열매가 어떻게 자라는지 알기
4주	16	PART3 (확장 어휘)	동음이의 한자	전(全/前)	[통합교과 봄 1] 씨앗 심기 / 씨앗이 자라는 과정 관찰하기
	17			기(記/氣)	[안전한 생활 2] 전기를 안전하게 사용하는 법 알기
	18		헷갈리는 말	~째/~ 채/~ 체 웬일/왠지 윗옷/웃옷	[국어 2-1] 소리가 비슷해서 헷갈릴 수 있는 말 알기 [국어 2-2] 바른 말 사용하기 [국어 3-1] 낱말의 뜻 정확히 알고 사용하기
	19			느리다/늘이다 /늘리다 여위다/여의다 담다/담그다	[국어 2-1] 소리가 비슷해서 헷갈릴 수 있는 말 알기 [국어 2-2] 바른 말 사용하기 [국어 3-1] 낱말의 뜻 정확히 알고 사용하기
	20		접두사/ 접미사	왕(王)~/ ~왕(王)	[통합교과 겨울 1] 우리나라의 자랑거리 생각해 보기 [사회 4-1] 우리 지역 관련 역사 인물 알아보기

contents

PART 1

PART1에서는 핵심 한자를 중심으로
우리말과 영어 단어, 교과 관련 낱말 들을 공부해요.

1주 기(記)가 들어간 낱말 찾기

기 記 기록할 **기**

- **필기** 筆記
- **후기** 後記 review
- **위인전기** 偉人傳記
- **여행기** 旅行記
- **연대기** 年代記
- **서기** 書記
- **기호** 記號 sign
- **암기** 暗記
- **기억** 記憶 memory
- **신기록** 新記錄 new record

'기(記)' 자에는 신기록이나 필기처럼 '기록하다'라는 뜻과 암기나 기억처럼 '외우다'라는 뜻이 있어요.

1 그림 속에 숨어 있는 일곱 글자를 찾아서, 빈칸에 알맞게 써 주세요.

글씨 쓰는 일을 뭐라고 할까요?			기
+, −처럼 어떤 뜻을 나타내는 부호나 문자를 뭐라고 할까요?		기	
외우는 것을 뭐라고 할까요?			기
단체나 회의에서 기록하는 일을 맡은 사람은 누구일까요?			기
이전의 경험이나 생각을 다시 떠올리는 일은 뭘까요?		기	
여행을 다녀와서 쓰는 글은 뭘까요?	여		기
경기에서 이전보다 높게 낸 성적을 뭐라고 할까요?	신	기	

익숙한 말 살피기

신기록
新(새로울 신) 記(기록할 기) 錄(기록할 록)

'기록'은 무언가를 나중에 볼 수 있게 적는(기록할 기 記, 기록할 록 錄) 거예요. 운동 경기에서 세운 성적도 '기록'이라고 하지요. 특히 이전까지의 최고 기록을 깬 새로운(새로울 신, 新) 기록은 **신기록**이라고 해요.

필기
筆(붓 필) 記(기록할 기)

필기는 글씨를 쓰거나 다른 사람이 말하는 것을 받아 적는 일이에요. 옛날에는 붓(붓 필, 筆)으로 썼지만, 지금은 연필, 볼펜처럼 다양한 필기도구를 사용해요.

후기
後(뒤 후) 記(기록할 기)

후기는 어떤 일을 겪은 뒤(뒤 후, 後)에 쓰는 글이에요. 체험 학습을 다녀와서 쓴 글은 '체험 학습 후기'라고 하고, 상품을 써 보고 남기는 글은 '상품 후기'라고 해요.

위인전기/여행기
偉(클 위) 人(사람 인) 傳(전할 전) 記(기록할 기) 旅(나그네 려/여) 行(다닐 행)

위인전기는 위대한 한 사람이 어떻게 살았는지 전해 주는 글이에요. **여행기**는 여행하며 보고 듣고 느낀 것을 적은 글이고, '연대기'는 중요한 사건을 일어난 해에 따라 적은 기록이에요.

서기
書(글 서) 記(기록할 기)

회의를 할 때에는 어떤 이야기가 오고 갔는지, 어떻게 결정됐는지 기록하는 사람이 필요해요. 이렇게 단체나 회의에서 기록하는 일을 하는 사람을 **서기**라고 해요.

기호
記(기록할 기) 號(이름 호)

+, −는 각각 더하기와 빼기를 나타내는 기호예요. 이렇듯 어떤 뜻을 나타내려고 사용하는 부호나 문자 등을 **기호**라고 해요. 우리 주변에는 아주 많은 기호가 있어요.

암기
暗(어두울 암) 記(기록할 기)

암기는 보지 않고 떠올릴 정도로 외우는 일로, 여기에서 '기(記)' 자는 '외우다'라는 뜻으로 쓰였어요. 필기도구나 계산기 등을 사용하지 않고 머릿속으로 계산하는 것은 '암산'이라고 해요.

기억
記(기록할 기) 憶(생각할 억)

기억은 전에 있던 일을 머릿속에 새겨 두거나(기록할 기, 記) 다시 생각하는(생각할 억, 憶) 거예요. '기억난다.', '기억이 희미하다.'처럼 써요.

음의 기호, 음표

노래를 부르거나 악기를 연주하려면 뭐가 필요할까요? 맞아요. '악보'가 필요해요. 악보는 줄(줄 선, 線)이 다섯 개(다섯 오, 五) 그려진 '오선지' 위에 음표를 이용해 노래의 가락이나 박자를 기록한 것이에요. '음표'는 음의 길이와 높이를 표시한 기호이지요. 음표의 머리 색깔과 꼬리 모양에 따라 음의 길이가 달라지고, 음표 머리가 오선지의 어디에 있는지에 따라 음의 높이가 달라져요. 아래 그림을 보며 음표는 어떻게 이루어져 있는지 알아봐요.

〈음표의 모양과 음의 길이〉

① 음표의 모양

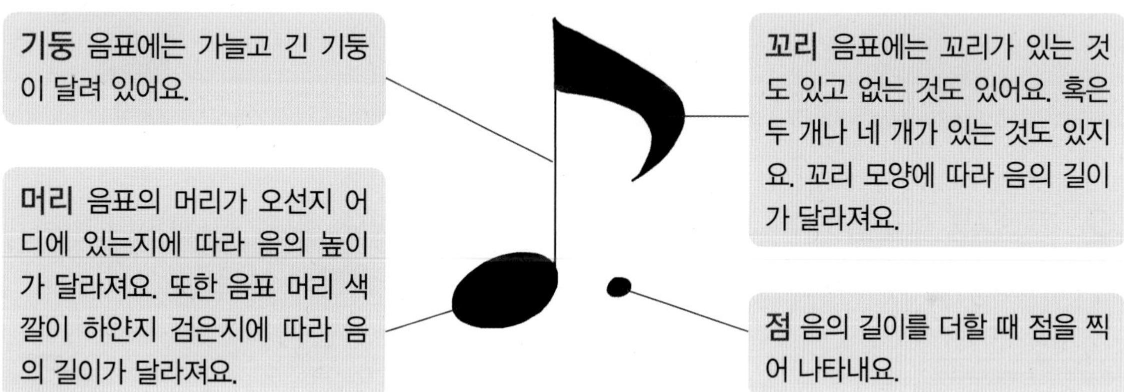

② 음표의 길이

1 각 아이의 말풍선 속 빈칸에 들어갈 낱말은 뭘까요? 알맞은 낱말이 적힌 풍선 붙임 딱지를 찾아 각 아이의 풍선 줄에 이어 붙여 주세요.

2 속뜻 짐작 미로를 빠져나가는 달리기 대회가 열렸어요. 밑줄 친 낱말이 바르게 쓰인 팻말만 따라가면 빠르게 도착할 수 있지요. 자, 출발해 볼까요?

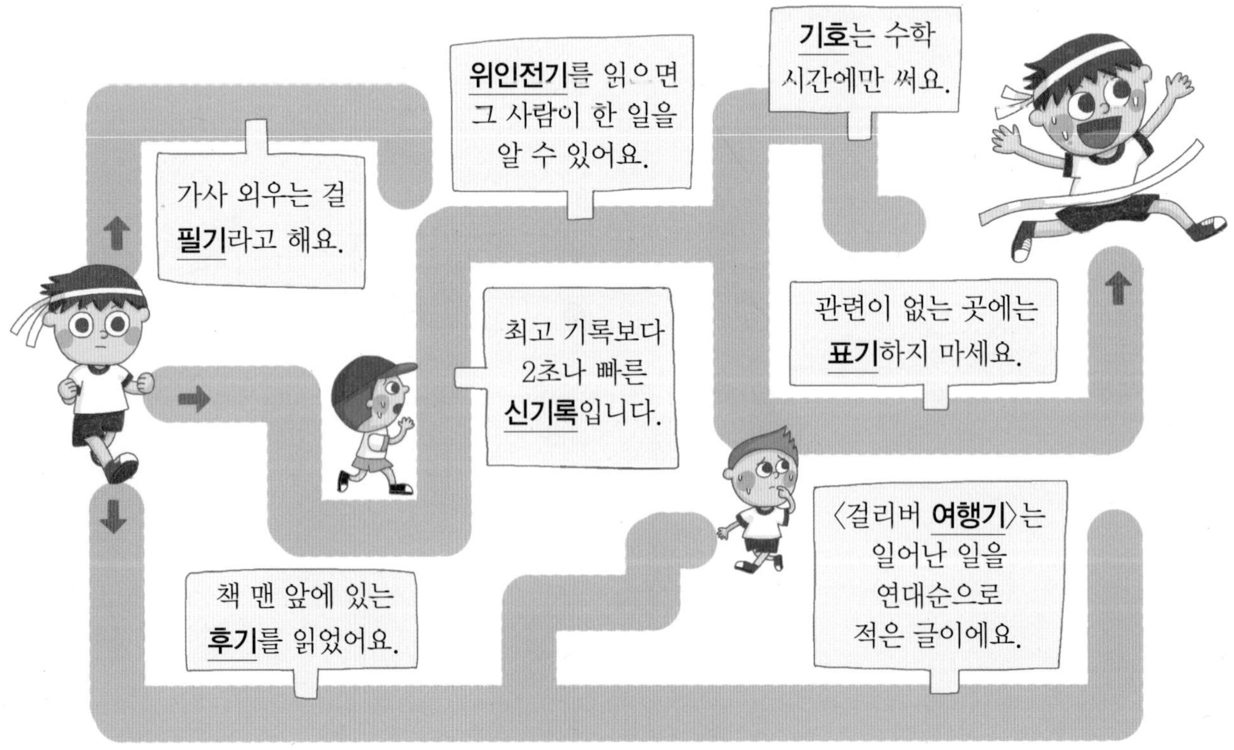

무언가를 기록하려면 붓이나 연필 같은 필기도구가 필요해요.
다양한 필기도구들을 영어 단어로 알아볼까요?

ink

ink는 볼펜이나 사인펜 속의 '잉크'를 뜻해요. 색을 내는 물감인 셈이지요. 옛날에는 갈대나 깃털 끝을 뾰족하게 만들어 그곳에 잉크를 묻혀 글을 썼답니다.

pen

pen은 우리말로도 '펜'이에요. 볼펜이나 사인펜, 만년필 등 글을 쓰는 도구들을 통틀어 '펜'이라고 부르기도 하지요. 펜 중에서 '볼펜'은 영어로 ballpoint pen이라고 하고, '사인펜'은 marker라고 해요.

1주 1일 학습 끝!
붙임 딱지 붙여요.

pencil

필기도구 가운데 여러분이 가장 많이 쓰는 '연필'은 영어로 pencil이라고 해요. 연필에는 HB, 2B, 4B 같은 표시들이 있지요? 이때 B는 '검다'라는 뜻을 가진 black을 줄인 말이고, H는 '딱딱하다'는 뜻을 가진 hard를 줄인 말이에요. B 앞에 적힌 숫자가 클수록 부드럽고 진하게 써지는 연필이고, H가 붙으면 심이 단단한 연필을 나타내요.

QR 찍고 발음 듣기

02 공부한 날짜 월 일

1주

등(登)이 들어간 낱말 찾기

방귀의 최강자, 스컹크가 등장합니다!

부욱

오, 스컹크! 이대로 챔피언이 되나요?

NO!

강뿡뿡

뿌웅~ 뿡뿡뿡!

오, 강뿡뿡 어린이가 새로운 챔피언으로 등극했습니다!

등 登 오를 등

- 등록 登錄
  - 등록금
  - 주민 등록증
- 등재 登載
- 등극 登極
- 등판 登板
- 등장 登場 appear
- 등교 登校
- 등원 登院
- 등용 登用
- 등산 登山 hiking

'등(登)' 자에는 등산이나 등판처럼 '오르다'라는 뜻과 등원이나 등교처럼 '나가다'라는 뜻이 있어요.

1 그림을 보고 관련 있는 낱말을 선으로 이어 주세요. 그리고 이어진 밧줄을 타고 내려가서 뜻풀이를 확인해 보세요.

예

등장 등재 등극 등교 등판 등산

어떤 내용이 장부나 신문에 실리는 거예요.	풍경을 보거나 운동을 하려고 산에 오르는 일이에요.	야구에서 투수가 공을 던지러 나가는 거예요.	학생이 학교에 가는 일이에요.	어떤 인물이 무대나 세상에 새롭게 나오는 거예요.	왕위나 높은 지위에 오르는 일이에요.

등산
登(오를 등) 山(산 산)

등산은 운동을 하거나 놀기 위해 산(산 산, 山)에 오르는(오를 등, 登) 거예요. 이렇게 산에 오르는 사람을 '손님 객(客)' 자를 써서 '등산객'이라고 한답니다.

등록
登(오를 등) 錄(기록할 록)

등록은 어떤 자격을 얻기 위해 단체나 학교 문서에 이름을 올리는 거예요. 학원에 다니려면 등록하는 데 필요한 돈인 '등록금'을 내야 해요. 그리고 우리나라 모든 국민은 사는 곳의 주민으로 등록하고, 그것을 증명하는 '주민 등록증'을 만들어야 해요.

등재
登(오를 등) 載(실을 재)

등재는 어떤 내용을 장부 같은 데 싣는(실을 재, 載) 거예요. 신문이나 잡지에 실려도 등재되었다고 하고, 유네스코 문화유산으로 지정되는 것도 등재되었다고 해요.

등극
登(오를 등) 極(다할 극)

등극은 사람이 오를 수 있는 가장 끝의 자리(다할 극, 極)인 임금의 자리에 오르는 거예요. 어떤 대회에서 최고의 자리에 오르는 것도 등극했다고 말해요.

등판
登(오를 등) 板(널빤지 판)

야구에서 투수가 공을 던지는 자리를 '마운드'라고 하는데, 이곳은 다른 곳보다 조금 높아요. 그래서 투수가 마운드에 오르면 **등판**한다고 해요.

등장
登(오를 등) 場(마당 장)

'등(登)' 자에는 '나오다'라는 뜻도 있어요. 그래서 **등장**은 세상이나 무대에 새롭게 나오는(오를 등, 登) 것을 뜻하지요. 반대로 무대 밖으로 나가는 건 '물러날 퇴(退)' 자를 넣어 '퇴장'이라고 해요.

등교/등원
登(오를 등) 校(학교 교) 院(집 원)

학생이 학교에 가는 것은 **등교**라고 해요. '학교 교(校)' 자 대신 '집 원(院)' 자를 넣은 **등원**은 유치원이나 학원 등 '원' 자가 들어간 곳에 가는 거예요.

등용
登(오를 등) 用(쓸 용)

등용은 어떤 자리에 쓸(쓸 용, 用) 사람을 뽑는 거예요. '인재 등용'처럼 쓰지요. 소리가 비슷한 '등용문'은 어려운 과정을 통과해 출세에 이르게 하는 문으로, 이때에는 '용 룡/용(龍)' 자를 써요.

안전하게 등산하기

등산을 하면 건강해져요. 자연을 가까이하다 보니 마음도 맑아지지요. 하지만 등산을 하다가 다치는 경우도 많아요. 험한 산을 준비 없이 오르다가 넘어지기 때문이지요. 어떻게 하면 즐겁고 안전하게 등산을 할 수 있을지 알아볼까요?

〈안전하게 등산하는 방법〉

③ 산 정상에서

- 낭떠러지같이 위험한 곳에 가지 않아요.
- 땀이 식으면서 체온이 떨어지지 않게 겉옷을 입어요.

④ 산을 내려올 때

- 달리거나 뛰지 않아요.
- 좁은 길에서는 올라오는 사람이 먼저 가도록 양보해요.
- 낙엽이나 나뭇가지, 돌멩이 등을 밟으면 미끄러질 수 있으니 되도록 밟지 않아요.

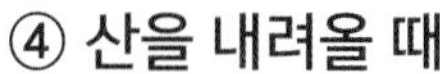

② 등산할 때

- 나무를 꺾거나 쓰레기를 버리지 않아요.
- 다른 사람이 산을 타는 데 방해가 되지 않도록, 함께 간 사람들과 옆으로 나란히 서서 걷지 않아요.
- 등산로에서 벗어나면 안 돼요.
- 물은 조금씩 여러 번 나누어 마셔요.

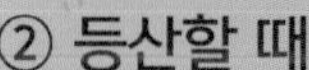

① 산을 오르기 전에

- 날씨에 맞는 옷을 입되, 너무 얇게 입으면 안 돼요. 산을 타면 탈 때는 덥지만, 산 정상은 춥거든요.
- 걷기 편한 신발을 신어요.
- 준비 운동을 해요.

⑤ 산을 내려온 후에

- 정리 운동을 해요.
- 쓰레기는 쓰레기통에 버려요.

1 그림을 보고, (   ) 안에서 알맞은 낱말을 골라 ○ 하세요.

① 옛날에는 과거 시험을 통해 인재를 (**등용 / 등교**)했어요.

② 이름을 미리 (**등원 / 등록**)하면 전시회 입장권을 드려요.

③ 운전자 없이 움직이는 자동차가 (**등극 / 등장**)했어요.

④ 그 선수가 세계 정상에 (**등산 / 등극**)했어요.

2 밑줄 친 낱말의 뜻을 찾아 선으로 연결해 주세요.

내 글을 신문에 **등재**했어.	•	•	투수가 마운드에 올라섬.
그 투수가 **등판**했어.	•	•	어떤 사항을 기록하여 올림.

3 속뜻 짐작 밑줄 친 낱말을 바르게 설명한 아이에게 ○ 해 주세요.

여러분이 연극 무대에 등장한다면 어떨까요?
연극 무대와 관련된 영어 단어를 함께 알아봐요.

enter

오호, 왕자가 등장했나 봐요. '등장하다'는 영어로 enter라고 해요. 컴퓨터 엔터 키와 같지요. 다른 말로는 appear라고도 해요.

1주 2일 학습 끝!
붙임 딱지 붙여요.

stage

여러 배우들이 연극을 하고 있네요. 연극하는 '무대'는 stage라고 하고, '무대에 오르다'는 come on the stage라고 해요.

character

하나, 둘, 셋…… 우아, 무대에 몇 명의 등장인물들이 있는 거죠? '등장인물'은 영어로 character라고 해요. character는 '성격'이라는 뜻도 있지요. 연극의 '주인공'은 main character라고 하고, '조연'은 minor character라고 해요.

03 1주 출(出)이 들어간 낱말 찾기

공부한 날짜 월 일

출 出 날 출

- **출석** 出席
- **출근** 出勤
- **출입구** 出入口 gate
- **외출** 外出
- **출발** 出發 start
- **제출** 提出
- **분출** 噴出
- **탈출** 脫出 escape
- **구출** 救出 save
- **지출** 支出
- **출생** 出生 birth

1 꼬마 탐사대가 악어가 득실거리는 강에 도착했어요. 강을 무사히 건너려면 밑줄 친 낱말이 바르게 쓰인 징검다리만 밟고 가야 하지요. 탐사대가 밟아야 할 징검다리에 ○ 해 보세요.

출발

뭘 사느라 그 많은 돈을 **지출**한 거야?

숙제를 **지출**했어.

오늘은 재활용 쓰레기를 **외출**하는 날이야.

외출할 때 옷을 따뜻하게 입고 나가렴.

독서록을 어서 **제출**해야 해.

뜨거운 햇볕에 **제출**되면 얼굴이 검게 타.

토끼가 토끼장을 **탈출**했어.

소방관이 건물에 갇힌 아이를 **구출**했어.

구덩이에 빠진 새끼 고양이를 **출석**해 줘.

나는 학교에 **출석**했어.

우린 서울에서 **출생**했어.

도착

출생
出(날 출) 生(날 생)

아기가 엄마 배 속에서 세상 밖으로 나오는(날 출, 出) 것을 **출생**이라고 해요. 아이가 세상에 태어나면 '출생 신고'를 하고 '출생증명서'를 받아요.

출석/출근
出(날 출) 席(자리 석) 勤(부지런할 근)

출석은 어떤 자리(자리 석, 席)에 나가는 거예요. 특히 수업이나 모임에 나가는 것을 뜻하지요. 회사에 일하러 가는 것은 '부지런할 근(勤)' 자를 넣어 **출근**이라고 해요.

출입구
出(날 출) 入(들 입) 口(입 구)

건물이나 어떤 곳에 들어가는(들 입, 入) 문은 '입구'라고 하고, 나가는(날 출, 出) 문은 '출구'라고 해요. 나가기도 하고 들어가기도 하는 문은 **출입구**라고 해요.

외출
外(바깥 외) 出(날 출)

집이나 회사 등에서 밖(바깥 외, 外)에 일을 보러 잠깐 나가는 것을 **외출**이라고 해요. 고유어로는 '나들이' 또는 '바깥나들이'라고 해요.

출발
出(날 출) 發(필 발)

출발은 어딘가를 향해 나아가거나 어떤 일을 시작하는 거예요. 출발하는 때는 '출발 시각'이라고 하고, 출발하는 곳은 '출발 지점'이라고 하지요. 출발과 반대로 어딘가에 다다른 것은 '도착'이라고 해요.

제출/분출
提(끌 제) 出(날 출) 噴(뿜을 분)

제출은 주로 문서나 의견 따위를 내는 거예요. '숙제를 제출하다.', '문서를 제출하다.'라고 써요. 이와 달리 **분출**은 물 같은 액체나 가스 등이 뿜어져 나오는 것으로, 화산이 터지면 '화산 분출'이라고 해요.

탈출/구출
脫(벗을 탈) 出(날 출) 救(구원할 구)

탈출은 어딘가에 갇혀 있다가 벗어나는(벗을 탈, 脫) 거예요. 또한 '고민 탈출'이나 '비만 탈출'처럼 안 좋은 상태에서 벗어나는 것도 탈출한다고 하지요. 이와 달리 **구출**은 남을 위험에서 구해 주는(구원할 구, 救) 것으로, 구출을 위한 계획은 '구출 작전'이라고 해요.

지출
支(지탱할 지) 出(날 출)

지출은 어떤 일을 위해 돈을 쓰는 거예요. '용돈 대부분을 간식을 사는 데 지출한다.'처럼 쓸 수 있지요. 비슷한말로는 '지급', '지불' 등이 있고, 상대되는 말로는 '수입'이 있어요.

화산이 분출하는 모습

혹시 텔레비전에서 화산이 분출하는 모습을 본 적이 있나요? 화산 분출은 땅속에 있던 가스나 마그마가 땅 밖으로 터져 나오는 것이에요. 마그마는 땅속 암석이 녹아서 물처럼 된 것인데, 1,300도에 이를 정도로 뜨겁지요. 물이 100도에 끓으니, 1,300도면 무척 뜨겁겠지요? 이 뜨거운 마그마가 땅을 뚫고 나와 흘러넘치는 것이 바로 화산 분출이에요. 그 과정에서 화산 가스와 용암, 화산재 등이 함께 나와 산처럼 되지요. 북한에 있는 백두산과 제주도에 있는 한라산은 바로 이렇게 만들어졌답니다. 화산이 분출하는 모습을 그림으로 정리해 볼까요?

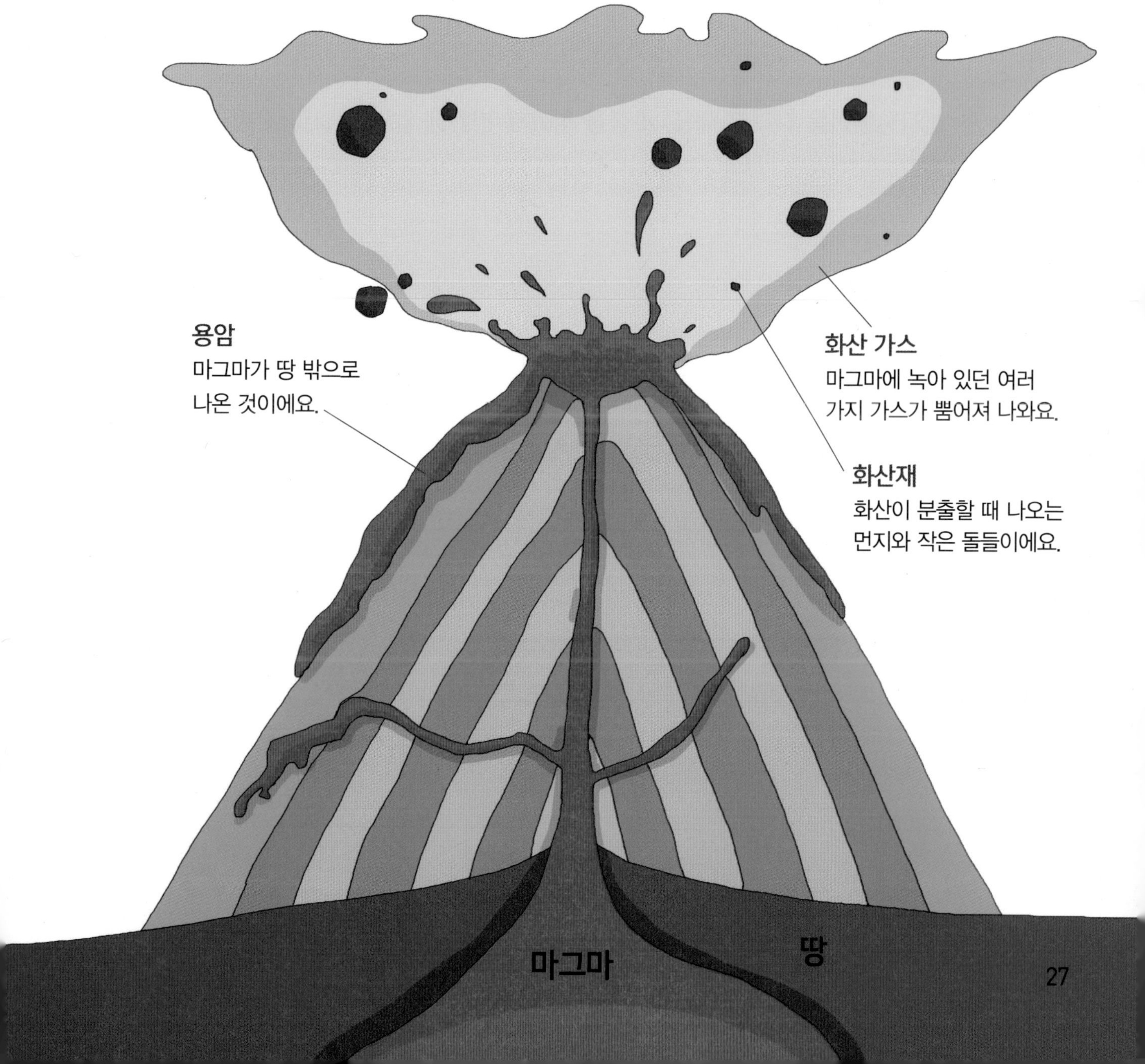

용암
마그마가 땅 밖으로
나온 것이에요.

화산 가스
마그마에 녹아 있던 여러
가지 가스가 뿜어져 나와요.

화산재
화산이 분출할 때 나오는
먼지와 작은 돌들이에요.

마그마

땅

1 빈칸에 알맞은 낱말을 만들려고 해요. 글자 칸에서 필요 없는 글자를 골라 X표를 하세요.

분	외	탈	출

제	지	분	출

구	지	출	발

2 십자말풀이를 하려고 해요. 초성을 참고해 빈칸에 알맞은 낱말을 써 보세요.

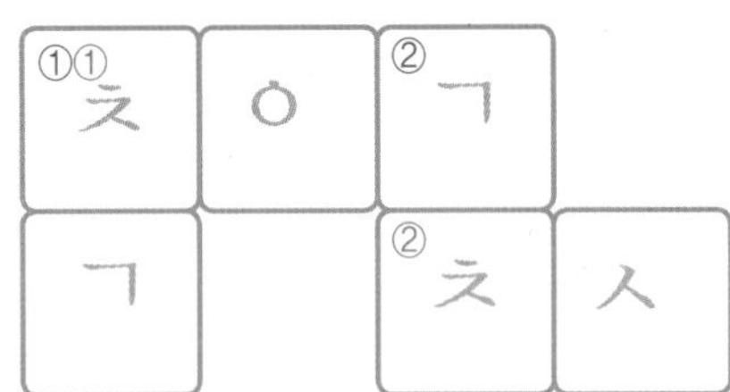

가로 열쇠

① 사람들이 들어오기도 하고 나가기도 하는 문
예 이 ○○○로는 사람만 드나들 수 있어요.

② 새로 태어남. 예 아기가 태어나면 ○○ 신고를 해요.

세로 열쇠

① 일터에 일하러 가는 일 예 아빠는 아침 일찍 ○○하셨어.

② 위험에서 구해 내는 일
예 구덩이에 빠진 강아지를 ○○해 주세요.

3 속뜻 짐작 소방차가 위험에 처한 사람들을 구하러 출발하려고 해요. 다음 중 소방관이 외쳐야 하는 말을 골라 ○ 하세요.

사람이 물에 빠지면 구조를 해야 해요.
이처럼 사람을 구조하는 것과 관련된 영어 단어를 알아볼까요?

life jacket

혹시 물놀이에 가서 구명조끼를 입어 본 적이 있나요? '구명조끼'가 바로 life jacket이에요. life는 '목숨'이나 '생명'을 뜻하고, jacket은 '겉옷'이지요. 구명조끼를 입으면 물에 빠져도 몸이 뜰 수 있어요.

lifeguard

lifeguard는 물에 빠진 사람을 구해 주는 사람인 '인명 구조원'이에요. 이들은 물에 빠진 사람에게 구명 밧줄을 던져 주거나 직접 물에 들어가서 구해 준답니다.

1주 3일 학습 끝!
붙임 딱지 붙여요.

first-aid kit

first-aid kit은 위급할 때 사용하는 '구급상자'예요. 구급상자는 위급할 때 사용할 간단한 약이나 붕대 같은 의료 도구들을 모아 놓은 것이지요. 휴가철이 되어 여행을 갈 때에는 마트나 약국 등에서 파는 first-aid kit을 사 두면 좋아요.

QR 찍고 발음 듣기

04 1주

방(方)이 들어간 낱말 찾기

공부한 날짜 월 일

방 方 모 방

- 방향 方向 direction
  - 전방
  - 후방
  - 사방팔방
- 다방면 多方面
- 방위 方位
- 방법 方法 method
- 처방전 處方箋
- 한방 韓方
- 양방 洋方
- 지방 地方 area
- 방언 方言

'방(方)' 자에는 다방면이나 방위처럼 '방향'이라는 뜻과 처방전처럼 '방법'이라는 뜻, 그리고 지방처럼 '장소'라는 뜻이 있어요.

1 방위표 주변에 '방' 자가 들어간 낱말들을 붙이려고 해요. 설명하는 낱말을 붙임 딱지에서 찾아 붙여 주세요.

같은 말인데도 지방에 따라 약간씩 다르게 말하는 언어를 뜻해요.

붙이는 곳

중국에서 건너와 우리 민족이 발달시킨 치료 방법이에요.

붙이는 곳

여러 분야나 방향을 뜻해요.

붙이는 곳

북

북서

북동

서

동

남서

남동

남

서양에서 발달한 치료 방법이에요.

붙이는 곳

동서남북을 기준으로 나타낸 위치예요.

붙이는 곳

의사가 어떤 약을 먹으라고 적어 준 종이예요.

붙이는 곳

어떤 쪽을 향하고 있는지를 뜻해요.

붙이는 곳

어떤 일을 하는 방식이나 수단이에요.

붙이는 곳

방향
方(모 방) 向(향할 향)

방향은 어떤 곳을 향하고 있는 쪽이에요. 앞쪽(앞 전, 前) 방향은 '전방', 뒤쪽(뒤 후, 後) 방향은 '후방'이라고 해요. 그리고 모든 방향은 '사방팔방'이라고 해요.

다방면
多(많을 다) 方(모 방) 面(낯 면)

'방면'은 어떤 장소가 있는 방향(모 방, 方)이나 어떤 분야(낯 면, 面)를 뜻해요. 여기에 '많을 다(多)' 자가 붙은 **다방면**은 모든 분야나 방향을 뜻하지요. 그래서 '다방면에 소질이 있다.'라고 말하면 여러 분야에 뛰어나다는 뜻이랍니다.

방위
方(모 방) 位(자리 위)

방위는 동서남북 네 방향을 기준으로 할 때, 어떤 위치에 있는지를 나타낸 거예요. 각 지도에는 방위를 알 수 있게 '방위표'를 그려요.

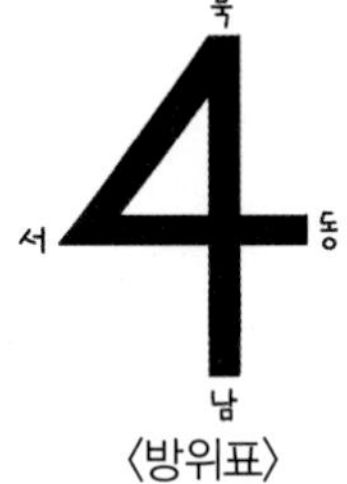

〈방위표〉

방법
方(모 방) 法(법 법)

방법은 어떤 일을 해내는 방식이나 수단이에요. '사용 방법', '연주 방법'처럼 쓰지요. 이때 '모 방(方)' 자는 '방법'이라는 뜻으로 쓰였어요.

처방전
處(곳/살 처) 方(모 방) 箋(글 전)

병원에 가면 치료를 위해 먹어야 할 약을 적어 주지요? 그 종이가 바로 **처방전**이에요. '처방'은 병을 치료하거나 문제를 해결하는 방법이에요.

한방/양방
韓(나라 이름 한) 方(모 방)
洋(큰 바다 양)

한방은 중국에서 건너와 우리나라에서 발달한 전통적인 치료 방법이에요. 침이나 한약 등으로 병을 다스리지요. 반면 **양방**은 서양에서 발달한 치료 방법으로, 양약과 수술 등으로 병을 낫게 해요.

지방
地(땅 지) 方(모 방)

지방은 '지역'과 비슷한말로, 북쪽 땅은 '북쪽 지방', 낯선 땅은 '낯선 지방'처럼 써요. 그런데 때로는 서울 이외의 지역이나 시골 등을 뜻하기도 해요.

방언
方(모 방) 言(말씀 언)

똑같은 우리말이지만 충청도와 경상도, 전라도 등 지역에 따라 조금씩 다르게 말하지요? 이런 게 바로 지방 언어인 **방언**이에요. 고유어로 '사투리'라고 해요.

우리나라 표준어와 방언

'표준어'는 한 나라에서 기준이 되는 말이에요. 그래서 표준어로 말하면 어느 지역 사람이든 쉽게 이해할 수 있지요. 이에 비해 '방언'은 그 지역의 말이어서, 다른 지역 사람과 얘기할 때 방해가 되기도 해요. 반면 같은 지역 사람과는 더 가깝게 느끼게 해 주지요. 그래서 표준어는 '두루두루 쓰는 말'이고 방언은 '끼리끼리 쓰는 말'이라고도 해요. 우리나라의 각 지역별 방언을 알아볼까요?

〈지역별 방언〉

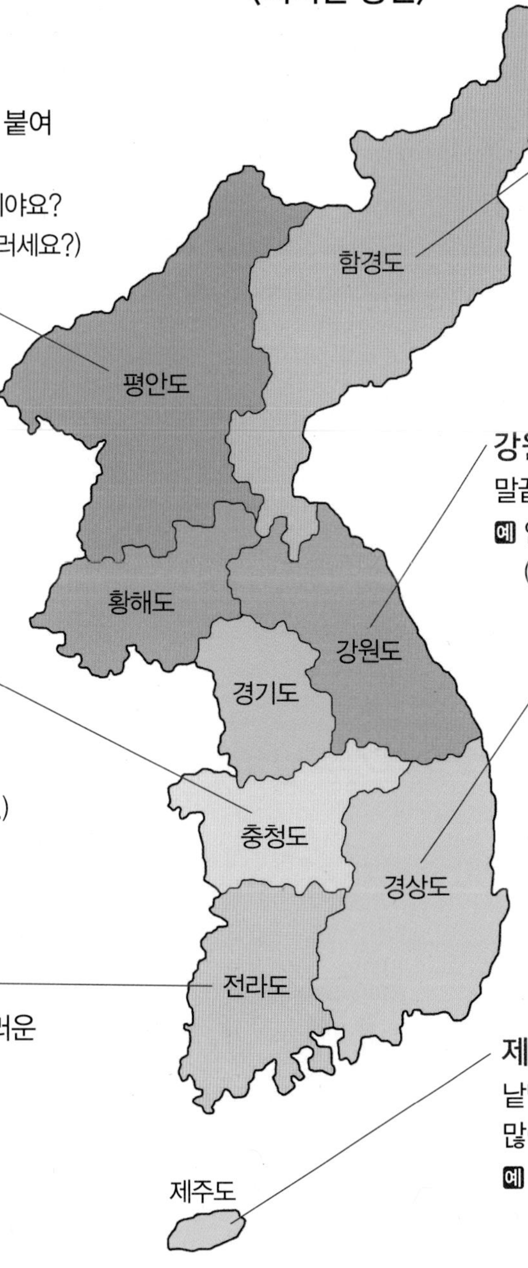

함경도
평안도
황해도
강원도
경기도
충청도
경상도
전라도
제주도

평안도 방언
'~라요', '~수다' 등을 붙여 말하는 특징이 있어요.
예 아바이, 와 그라시는 기야요?
(표준어: 아버지, 왜 그러세요?)

함경도 방언
소리에 높낮이 변화가 크고, '~슴', '~슴메'나 '~ㅂ세' 등을 붙여 말해요.
예 날래 갑세.
(표준어: 빨리 갑시다.)

강원도 방언
말끝에 '~야'나 '~요' 등을 써요.
예 안녕히 가시래요.
(표준어: 안녕히 가세요.)

충청도 방언
말이 느리고 말끝을 길게 늘여요.
예 안녕히 가셔유.
(표준어: 안녕히 가세요.)

경상도 방언
말의 높낮이 변화가 크고 말이 짧아요.
예 어딨노?
(표준어: 어디 있니?)

전라도 방언
말끝에 '~잉'처럼 부드러운 느낌을 넣어요.
예 어디 아프당가?
(표준어: 어디 아프니?)

제주도 방언
낱말 자체가 표준어와 많이 달라요.
예 어드레 감디?
(표준어: 어디로 가니?)

1 아이들이 학교에 가는 방법을 설명하고 있어요. 약도를 잘 보고, (   )에서 알맞은 낱말을 골라 ○ 하세요.

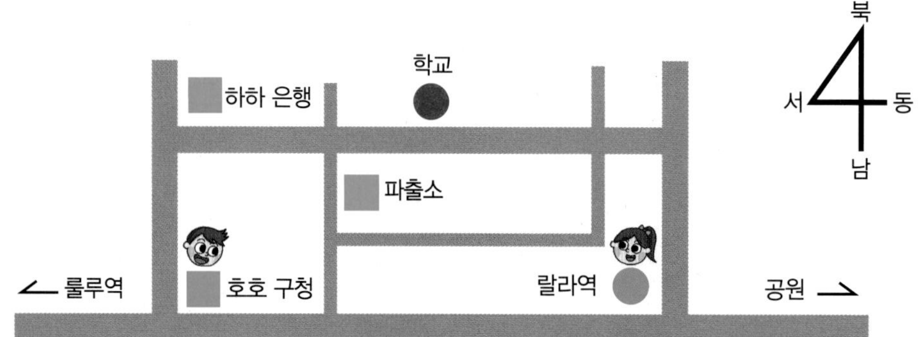

① 랄라역에서 학교에 가려면 (**방위 / 방향**)표의 북쪽으로 가세요.

② 호호 구청에서 학교로 가려면 하하 은행 (**방향 / 지방**)으로 가세요.

2 밑줄 친 낱말의 뜻을 찾아 선으로 연결해 주세요.

3 속뜻 짐작 아이들의 대화를 읽고, 초성을 참고해 빈칸에 알맞은 낱말을 써 보세요.

처방전에는 약을 언제, 어떻게 먹어야 하는지 적혀 있어요.
약 먹는 방법에 대한 표현을 영어로 배워 볼까요?

(약국 제출용)

처 방 전

1.의료 보험 2.의료 보호 3.산재 보험 4.자동차 보험 5.기타(일반) 요양 기관 기호 : 10203040

교 부 번 호	2018년 8월 27일 - 제12345호		의료기관	명 칭	힘내병원
환자	성 명	제임스		전화번호	02) 987-6543
				팩스번호	
	주민 등록 번호	123456-1345678		e-mail주소	

질병 분류 기호						처방 의료인의 성명	조의사 (서명 또는 날인)	면허종별	의사
								면허번호	제5612호

*환자의 요구가 있을 때에는 질병분류기호를 기재하지 않습니다.

처 방 의 약 품 의 명 칭	용 법
힘내라정	2 tablets 3 times per day for 3 days
나아캡술	1 tablet 3 times per day for 3 days

tablet

약 중에는 가루약도 있고 동그란 알약이나 얇은 막으로 싼 캡슐도 있지요? 여러 약 가운데 알약이나 캡슐처럼 둥근 것을 tablet이라고 불러요.

time

time은 '시간'이라는 뜻 외에 '횟수'나 '배수'를 나타내기도 해요. 그래서 3 times라고 하면 '세 번'을 뜻하지요.

per

per에는 '~당, 마다'라는 뜻이 있어요. 그래서 2 tablet 3 times per day라고 하면 '하루당 두 알씩 세 번' 먹으라는 뜻이랍니다.

day

day는 '하루'를 뜻해요. 3 days는 '사흘'이지요. 그래서 1 tablet 1 time per day for 3 days라고 하면, '사흘 동안, 하루당 한 알씩 한 번' 먹으라는 뜻이에요.

1주 4일 학습 끝!

붙임 딱지 붙여요.

QR 찍고 발음 듣기

우(雨)가 들어간 낱말 찾기

우 雨 비 우
rain

- **우의** 雨衣 raincoat
- **우산** 雨傘 umbrella
- **열대 우림** 熱帶 雨林
- **우기** 雨期
- **기우제** 祈雨祭
- **우박** 雨雹
- **우천 시** 雨天 時
- **측우기** 測雨器
- **강우량** 降雨量
  - 폭우
  - 폭풍우
  - 집중 호우

1 숲에서 길을 잃었어요. 팻말에 있는 질문의 답을 따라가면 길도 찾고 친구들도 다시 만날 수 있어요. 어서 출발해 볼까요?

비가 올 때 입는 옷은?

우의

'비가 올 때'와 같은 말은?

우박

폭풍우

옛날에 비가 오길 빌던 제사는?

집중 호우

우천 시

조선 시대에 비가 내린 양을 재던 도구는?

기우제

강우량

일 년 중 비가 많이 내리는 시기는?

우기

측우기

우산

갑자기 세차게 쏟아지는 비는?

열대 우림

폭우

우산/우의

雨(비 우) 傘(우산 산) 衣(옷 의)

비가 올 때 쫙 펴서 비를 막는 물건을 **우산**이라고 해요. **우의**는 비가 올 때 입는 옷(옷 의, 衣)이지요. 우의는 고유어로 '비옷'이라고 해요.

강우량

降(내릴 강) 雨(비 우)
量(헤아릴 량/양)

일정 기간 동안 어느 한 곳에 내린(내릴 강, 降) 비(비 우, 雨)의 양(헤아릴 량/양, 量)을 **강우량**이라고 해요. 비 중에서 갑자기 사납게(사나울 폭/포, 暴) 내리는 비는 '폭우'라고 하고, 바람(바람 풍, 風)까지 많이 불면 '폭풍우', 짧은 시간에 집중해서 내리는 큰비는 '집중 호우'라고 하지요.

측우기

測(헤아릴 측) 雨(비 우) 器(그릇 기)

측우기는 비의 양을 재는(헤아릴 측, 測) 기구(그릇 기, 器)예요. 조선 세종 때 과학자 장영실 등이 만들었지요. 측우기 덕분에 농사를 짓는 백성들은 큰 도움을 받았어요.

우천 시

雨(비 우) 天(하늘 천) 時(때 시)

가정 통신문에서 혹시 '우천 시 행사 취소'라는 글을 본 적이 있나요? 이것은 '비가 오면 행사를 취소한다.'라는 뜻이에요. **우천 시**는 비가 올 때(때 시, 時)를 뜻하거든요.

우박

雨(비 우) 雹(우박 박)

우박은 큰 물방울이 갑자기 얼어서 떨어지는 얼음 덩어리예요. 비같이 내려서 '비 우(雨)' 자를 쓰지요. 우박이 내리면 농작물 등이 큰 피해를 입어요.

기우제

祈(빌 기) 雨(비 우) 祭(제사 제)

기우제는 옛날에 비가 오래도록 오지 않을 때, 비(비 우, 雨)가 오기를 빌며(빌 기, 祈) 하늘에 드리던 제사(제사 제, 祭)예요.

우기

雨(비 우) 期(기약할 기)

우기는 일 년 중에 비가 많이 오는 시기예요. '기(期)' 자에는 '기간'이라는 뜻이 있지요. 이와 반대로 비가 오지 않아 건조한 시기는 '건기'라고 해요.

열대 우림

熱(더울 열) 帶(띠 대) 雨(비 우)
林(수풀 림/임)

지구의 적도 가까이에는 매우 더운(더울 열, 熱) 곳이 띠(띠 대, 帶)처럼 이어져 있어요. 이곳을 '열대 지역'이라고 하고, 그중에서도 비(비 우, 雨)가 많이 내리고 숲(수풀 림/임, 林)이 우거진 곳을 **열대 우림**이라고 불러요.

비가 오는 이유

여러분은 비를 좋아하나요? 우리나라는 여름 장마철에 비가 많이 오지요. 그런데 비는 어떻게 내릴까요? 그림으로 함께 살펴보아요.

〈비가 내리는 과정〉

① 땅의 공기는 따뜻해지면 하늘로 올라가요. 공기가 하늘로 올라가면서 차가워지면, 공기 속 물방울들이 엉겨 붙어 구름이 돼요.

② 구름은 커지면서 점점 더 무거워져요. 구름 속 공기가 더 차가워지면 공기 속 물방울들이 얼어서 마침내 땅으로 내려와요.

③ 언 물방울들이 내려올 때, 땅의 기온이 높으면 언 물방울이 녹아 비로 내리고, 땅의 기온이 낮으면 언 물방울이 그대로 내려와 눈이 돼요.

〈기온이 높을 때〉

〈기온이 낮을 때〉

1 그림과 설명을 보고 (   )에서 알맞은 낱말을 골라 ○ 하세요.

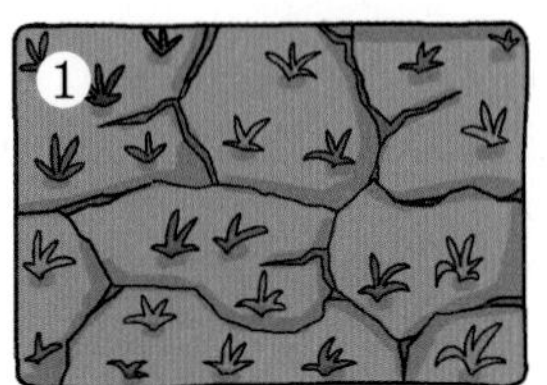

옛날 어느 나라에 가뭄이 들었어요. 왕은 신하들에게 비가 얼마나 내리는지 (**강우량 / 측우기**)을/를 알아 오라고 했어요.

신하들은 (**우의 / 측우기**)로 비의 양을 재 보려고 했어요. 하지만 비가 오지 않아서 잴 수 없었지요.

"작년에는 갑자기 내리는 (**폭우 / 우산**)(으)로 농사를 망쳤는데, 올해는 가뭄이라니!"

임금님은 너무나 걱정이 되어 하늘에 (**우천 시 / 기우제**)를 지냈어요.
"(**열대 우림 / 측우기**)처럼 시원한 비를 내려 주세요."

임금님의 정성이 통했는지 마침내 나라에 비가 내렸어요. 백성들은 (**우산 / 집중 호우**)노 없이 비를 맞으며 기뻐했어요.

2 속뜻 짐작 다음 물건들을 통틀어 이르는 낱말을 골라 붙임 딱지를 붙여 보세요.

우박	우비	우기

비는 얼마나 세차게 내리는지에 따라 이름이 달라요.
비의 종류를 영어로 알아보고, 비를 피하는 도구도 함께 살펴봐요.

sprinkle

sprinkle은 '보슬비'처럼 가늘고 조용히 내리는 비예요. 보슬비보다 약하게 내리는 '이슬비'는 drizzle이라 하지요. '비가 약간 뿌리는 정도야.'라고 말하려면 'It's only sprinkling.'이라고 말해요.

1주 5일
학습 끝!
붙임 딱지 붙여요.

shower

shower는 갑자기 세차게 쏟아지는 '소나기'예요. 가끔은 번개나 천둥을 동반하기도 해요. '소나기가 오는 것 같아.'는 영어로 'It looks like a shower.'라고 표현해요.

QR 찍고 발음 듣기

돈을 맡겼다 찾는 가게 '은행'

은행(은 은 銀, 다닐 행 行): 손님의 돈을 맡아 두거나 필요한 돈을 빌려주는 곳이에요.

06

공부한 날짜 월 일

2주 초(草)가 들어간 낱말 찾기

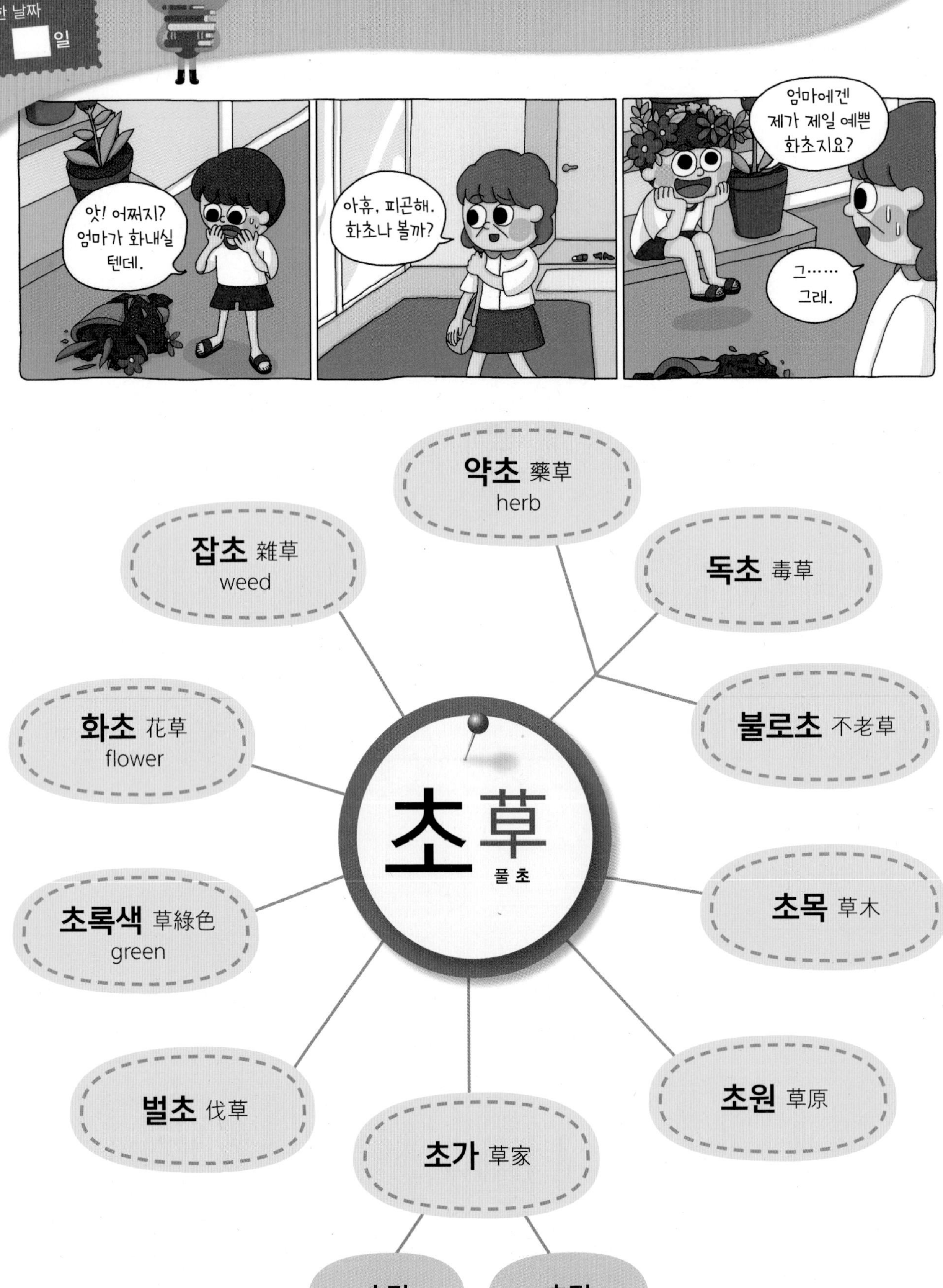

1 문제를 읽고, 가까운 팻말에 알맞은 낱말 붙임 딱지를 붙여 주세요.

화초
花(꽃 화) 草(풀 초)

화초는 꽃(꽃 화, 花)이 피는 풀(풀 초, 草)이나 나무, 또는 꽃이 피지 않더라도 그 모습을 두고 보려고 키우는 풀과 나무예요.

잡초
雜(섞일 잡) 草(풀 초)

잡초는 가꾸지 않아도 저절로 나서 자라는 여러 가지 풀이에요. 다른 식물과 마구 섞여(섞일 잡, 雜) 자라서 꽃밭을 가꾸거나 농사를 지을 때에는 종종 잡초를 뽑아 줘야 해요.

약초/독초
藥(약 약) 草(풀 초) 毒(독 독)

풀 중에는 사람에게 약(약 약, 藥)이 되는 **약초**와 독(독 독, 毒)이 되는 **독초**가 있어요. 그리고 사람들이 상상해 낸 '불로초'라는 풀은 먹으면 늙지(늙을 로, 老) 않는다고(아니 불/부, 不) 하는 풀이에요.

초목
草(풀 초) 木(나무 목)

초목은 풀(풀 초, 草)과 나무(나무 목, 木)를 아울러 이르는 말이에요. 그래서 풀과 나무가 가득하면 '초목이 무성하다.'라고 하지요.

초원
草(풀 초) 原(언덕/근본 원)

초원은 풀이 나 있는 들판이에요. 초원에서 '언덕/근원 원(原)' 자는 '들판'이라는 뜻으로 쓰였지요. 이와 비슷한 고유어로는 '풀밭'이 있답니다.

초가
草(풀 초) 家(집 가)

초가는 지붕을 갈대나 짚 같은 풀(풀 초, 草)로 인 집(집 가, 家)이에요. 임시로 작게 막처럼 지은 초가는 '초막'이라고 하고, 초막보다 제대로 지은 초가는 '초당'이라고 해요. 옛날에 정약용이라는 학자가 머물던 곳도 '다산 초당'이라고 하는 초당이었어요.

벌초
伐(칠 벌) 草(풀 초)

벌초를 하러 산소에 가 본 적이 있나요? **벌초**는 무덤에 난 풀을 쳐서(칠 벌, 伐) 깨끗이 하는 거예요.

초록색
草(풀 초) 綠(푸를 록/녹) 色(빛 색)

초록색은 풀의 빛깔 같은 파랑과 노랑의 중간색이에요. '녹색', '초록'과 같은 말이고, '초록빛'이라고 바꿔 말할 수 있어요.

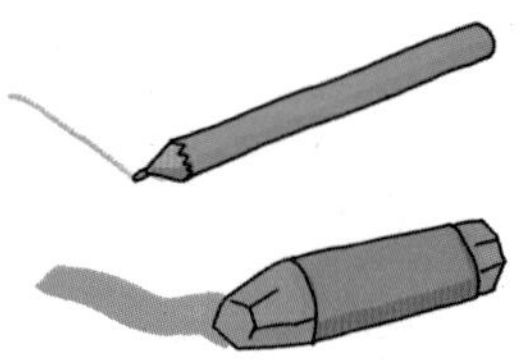

우리 민족의 전통 집

초가는 우리 민족이 아주 오래전부터 지어 온 전통 집이에요. 이후 기와를 사용하면서 기와집도 짓게 되었지요. 이렇게 우리 민족이 지은 집을 통틀어 '한옥'이라고 해요. 한옥은 나무로 기둥을 만들고 흙으로 벽을 쌓은 뒤, 풀이나 나무, 기와 등으로 지붕을 이었어요. 사계절을 편안히 나도록, 바닥에는 온돌을 깔아 따뜻하게 하고 마루는 바람이 잘 통하게 만들었지요. 우리 조상들이 지은 다양한 한옥을 살펴볼까요?

초가 지붕을 짚이나 갈대로 엮은 한옥이에요. 지붕이 잘 썩고 벌레가 끼는 불편함이 있어요.

기와집 지붕을 기와로 인 한옥이에요. 기와는 흙을 빚어 구운 재료예요.

너와집 얇은 나뭇조각이나 돌 조각인 너와로 지붕을 올린 한옥이에요.

굴피집 굴피나무 껍질 같은 나무의 껍질로 지붕을 올린 한옥이에요.

제주도 전통 집 제주도는 바람이 많이 불어서, 초가지붕 위를 새끼줄로 꽁꽁 묶어요.

귀틀집 큰 통나무 사이를 흙으로 메워 지은 한옥이에요.

1 그림과 가장 관련 있는 낱말을 보기에서 골라 빈칸에 써 보세요.

보기 화초 초가 독초 초원 벌초

2 밑줄 친 낱말을 잘못 사용한 아이 두 명을 찾아 X 하세요.

3 속뜻 짐작 두 개의 낱말 가운데 사진과 설명에 알맞은 것을 골라 ○ 하세요.

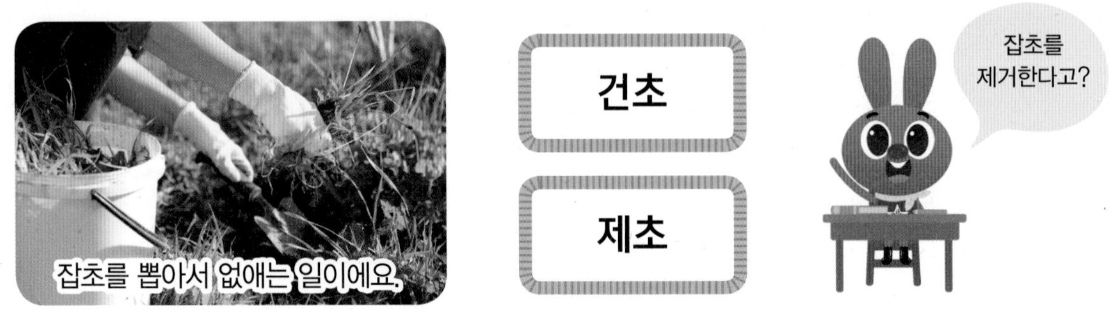

풀들은 거의 비슷해 보이지만, 자세히 살펴보면 많이 달라요.
어떻게 다른지 영어로 알아볼까요?

grass

grass는 '잔디'나 가축의 먹이로 사용되는 '풀' 등 모든 종류의 풀을 아울러 뜻해요. '풀을 베다'라고 하면 cut the grass 또는 mow the grass라고 해요.

weed

weed는 '잡초', '잡초를 뽑다'라는 뜻을 지니고 있어요. '밭의 잡초를 뽑다'라고 말하려면 weed a field라고 해요.

2주 1일 학습 끝!
붙임 딱지 붙여요.

herb

herb는 '약초, 향초'를 뜻해요. 우리나라에서도 향이 좋고 약이 되는 라벤더나 박하, 로즈메리 같은 풀을 허브라고 하지요. '허브를 키우는 정원'은 a herb garden이라고 해요.

poisonous plant

poisonous plant는 '독초'예요. poison은 '독'인데, -ous가 붙어서 '독이 있는'이라는 뜻이 되었어요. plant는 '식물'이라는 뜻이고요. 우리나라 산과 들에 많이 자라는 독미나리 같은 식물이 대표적인 poisonous plant예요.

QR 찍고 발음 듣기

07

공부한 날짜 월 일

2주

촌(村)이 들어간 낱말 찾기

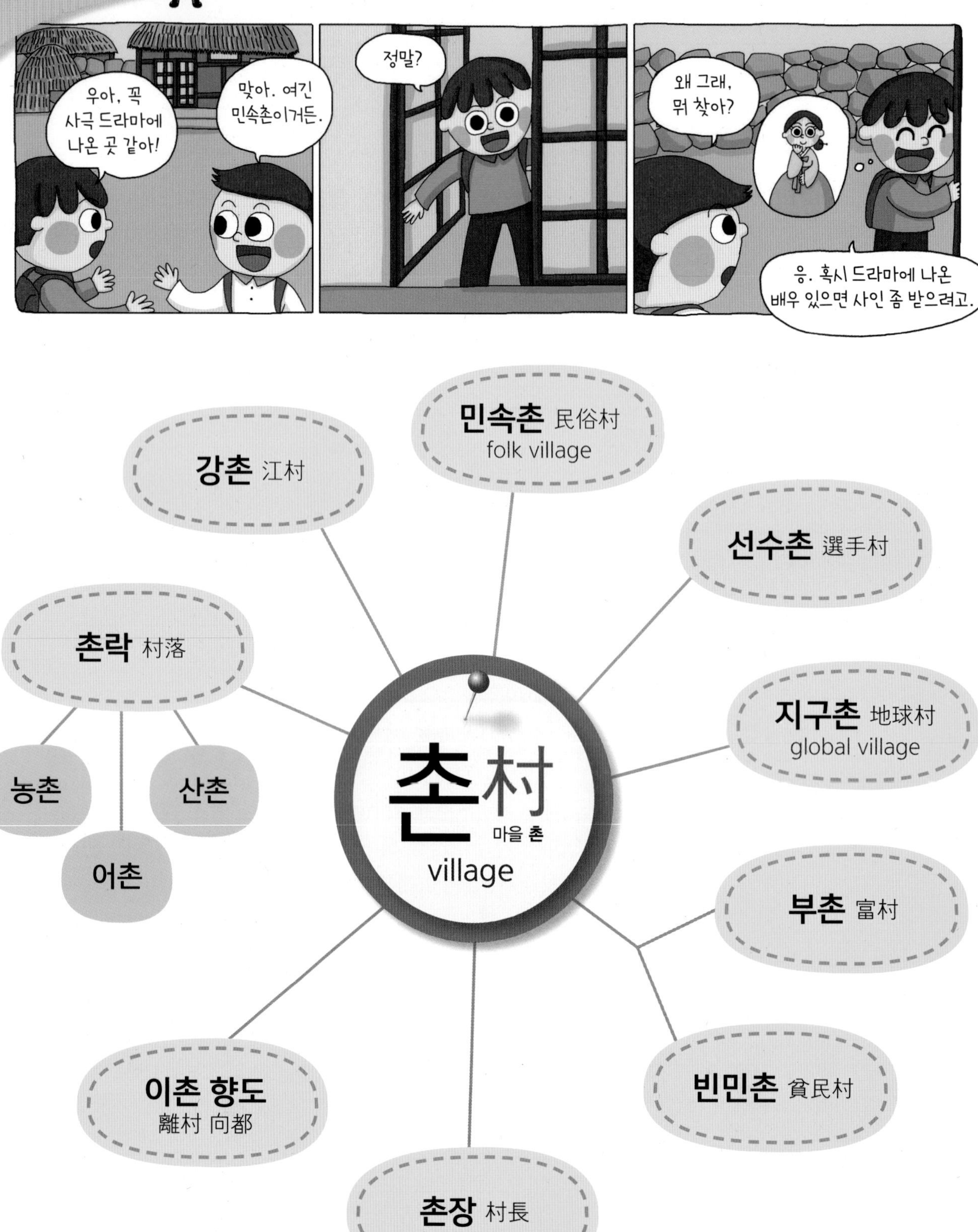

1 각 사진에 어울리는 낱말을 선으로 연결해 주세요.

조상의 옛 생활 모습을 볼 수 있게 만든 마을

지구촌

주민들 대부분이 농사를 짓는 마을

가난한 사람들이 모여 사는 마을

빈민촌

농촌

지구 전체가 마을처럼 가까워진 것을 이르는 말

강가에 있는 마을

산촌

어촌

주민들 대부분이 어부인 바닷가 마을

산속에 있는 마을

선수촌

강촌

선수들이 함께 모여 먹고 자며 훈련하는 곳

익숙한 말 살피기

촌락
村(마을 촌) 落(떨어질 락/낙)

촌락은 마을(마을 촌, 村)과 같은 말이지만, 생활 속에서는 주로 시골의 작은 마을을 가리킬 때 써요. 촌락에는 주민 대부분이 농사(농사 농, 農)를 짓는 '농촌'과 물고기를 잡는(고기 잡을 어, 漁) '어촌', 산속(산 산, 山)에 있는 '산촌' 등이 있어요.

강촌
江(강 강) 村(마을 촌)

강촌은 강가(강 강, 江)에 있는 마을(마을 촌, 村)이에요. 사람들은 풍경이 좋고 낚시를 할 수 있어서 강 주변에 사는 것을 좋아해요.

민속촌
民(백성 민) 俗(풍속 속) 村(마을 촌)

민속촌은 옛날 사람(백성 민, 民)들이 살던 모습(풍속 속, 俗)을 보여 주려고 만든 마을(마을 촌, 村)이에요. 이곳에서는 옛날 집과 가구뿐 아니라 전통 행사도 볼 수 있어요.

선수촌
選(가릴 선) 手(손 수) 村(마을 촌)

선수촌은 운동선수들이 함께 생활하며 훈련하는 곳이에요. 다양한 운동 시설이 갖춰져 있고, 코치와 감독 등 훈련을 도와줄 사람들도 함께 지내요.

지구촌
地(땅 지) 球(공 구) 村(마을 촌)

교통이 발달하고 전화와 인터넷 등 통신이 발달하면서 지구는 한 마을처럼 가까워지고 있어요. 그래서 지구는 한 마을이라는 뜻을 가진 **지구촌**이라는 말이 생겨났어요.

부촌/빈민촌
富(부자 부) 村(마을 촌)
貧(가난할 빈) 民(백성 민)

부촌은 부자(부자 부, 富)들이 많이 사는 마을이에요. 상대어인 **빈민촌**은 가난한 사람인 빈민(가난할 빈 貧, 백성 민 民)들이 많이 사는 마을이지요. 부촌과 빈민촌은 사람들이 나눠 부를 뿐, 정확한 기준이 없어요.

촌장
村(마을 촌) 長(긴 장)

촌장은 한 마을(마을 촌, 村)의 우두머리예요. 촌장에 있는 '장(長)' 자는 '우두머리'라는 뜻으로 쓰였지요. 옛날에는 마을을 '~촌'이라고 불러서 우두머리도 '촌장'이라고 했지만, 지금은 마을을 '~리', '~동' 등으로 나눠서 마을의 우두머리도 '이장'이나 '동장' 등으로 불러요.

이촌 향도
離(떠날 리/이) 村(마을 촌)
向(향할 향) 都(도읍 도)

도시가 커져서 일자리가 늘면 농촌 사람들은 일자리를 찾아 도시로 가요. 이렇듯 시골을 떠나(떠날 리/이, 離) 도시를 향해(향할 향, 向) 가는 것을 **이촌 향도**라고 해요.

촌락과 직업

도시에 사는 사람들은 하는 일이 서로 달라요. 어떤 사람은 학생을 가르치고, 어떤 사람은 가게를 꾸리고, 어떤 사람은 은행원이 되지요. 하지만 농촌, 어촌, 산촌에 사는 사람들은 자연환경에 따라 비슷한 직업을 가지고 살아요. 촌락에 따라 어떤 직업을 가지고 사는지 알아볼까요?

농촌 평평한 들판이 넓게 펼쳐져 있어요. 이곳에 사는 사람들은 대부분 농사를 지으면서 살아요. 그리고 콩과 배추 같은 작물을 키우고, 꽃이나 과일을 재배하기도 하지요.

어촌 갯벌이나 바닷가가 펼쳐져 있어요. 이곳에 사는 사람들은 바다에서 물고기를 잡거나 양식장을 만들어 물고기나 해초를 키워요. 갯벌에서 조개를 캐거나 염전에서 소금을 만들기도 해요.

산촌 높은 산과 숲에 둘러싸여 있어요. 이곳에 사는 사람들은 산에서 나물이나 약초를 캐고 목재를 얻어요. 숲에서 버섯을 재배하거나, 목장에서 소나 양을 키우기도 해요.

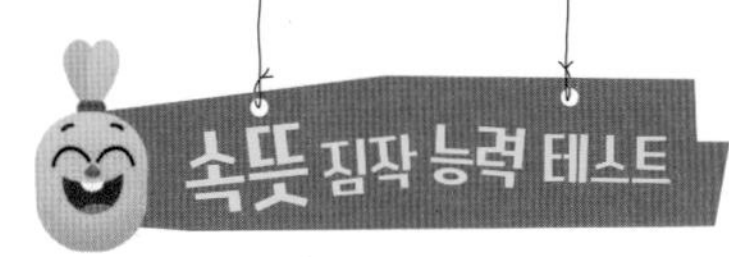

1 (　　)에 들어갈 알맞은 낱말을 골라 번호로 적어 보세요.

① 선수촌　　② 지구촌　　③ 촌장　　④ 농촌　　⑤ 민속촌

2 속뜻 짐작 (　　　)에 적힌 뜻풀이를 참고해서, 그 대신에 들어갈 낱말을 선으로 연결해 주세요.

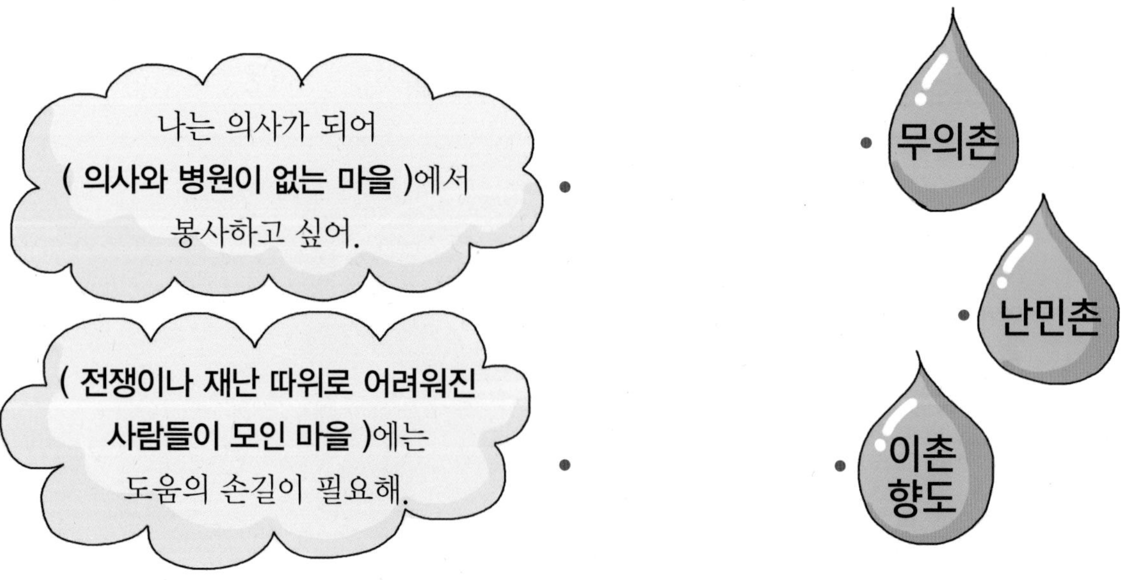

농촌에 가면 다양한 농작물을 볼 수 있어요.
맛있고 몸에 좋은 농작물을 영어로 어떻게 말하는지 함께 찾아봐요.

corn

corn은 구수하고 든든한 '옥수수'예요. '옥수수 밭'은 a cornfield라고 해요. field는 '밭'이라는 뜻이에요.

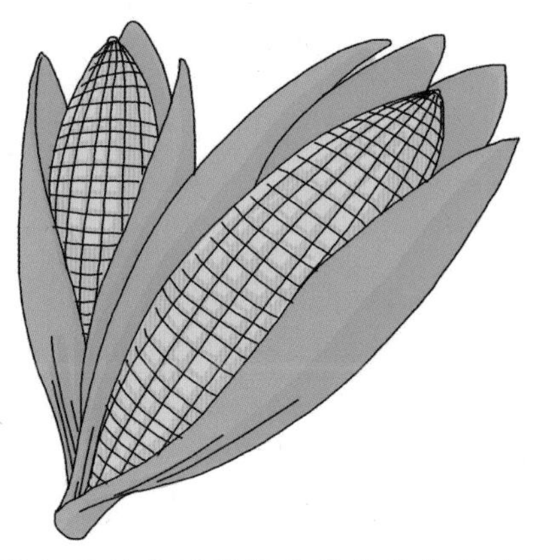

bean

bean은 '콩'이에요. 콩으로 만든 '된장'은 '반죽'이라는 뜻을 가진 paste를 붙여서 bean paste라고 하지요. 그리고 '콩나물'은 bean sprouts라고 해요.

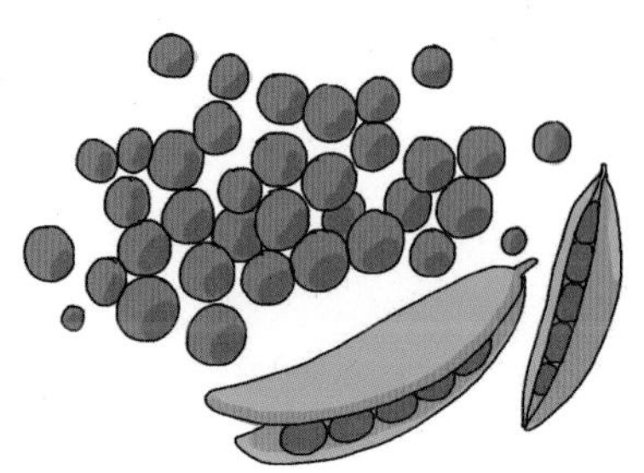

2주 2일
학습 끝!

붙임 딱지 붙여요.

tomato

tomato는 '토마토'예요. 이 말은 옛날에 멕시코 사람들이 '속이 꽉 찬 열매'라는 뜻으로 tomatl(토마틀)이라고 부른 데서 유래했다고 해요.

onion

onion은 '양파'예요. '양파 껍질'은 onion skins라고 하고, 스파게티 등을 먹을 때 종종 나오는 '양파 절임'은 pickled onions라고 해요. pickled는 '식초에 절였다'라는 뜻이에요.

08 2주

공부한 날짜 월 일

명(明)이 들어간 낱말 찾기

어머, 정전이네.
이런, 우선 휴대 전화 불빛이라도 써야겠군.
무슨 소리지?
어푸 어푸
왜 갑자기 세수를 해?
제 얼굴을 조명처럼 반짝반짝 빛나게 하려고요.

명 明 밝을 **명**

- **조명** 照明 lighting
- **투명** 透明
- **발명** 發明 invention
- **분명** 分明 clear
- **선명** 鮮明
- **변명** 辨明 excuse
- **설명** 說明 explanation
- **증명** 證明 proof
  - 증명사진
  - 증명서
- **명암** 明暗

'명(明)' 자에는 명암이나 조명처럼 '밝다'라는 뜻과 변명이나 설명처럼 '밝히다'라는 뜻이 있어요.

1 탈것에 달린 등 중에서, 빈칸에 알맞은 낱말이 적힌 등에 ○ 하세요.

이해하기 쉽게 ☐을 참 잘하네.

설명 증명

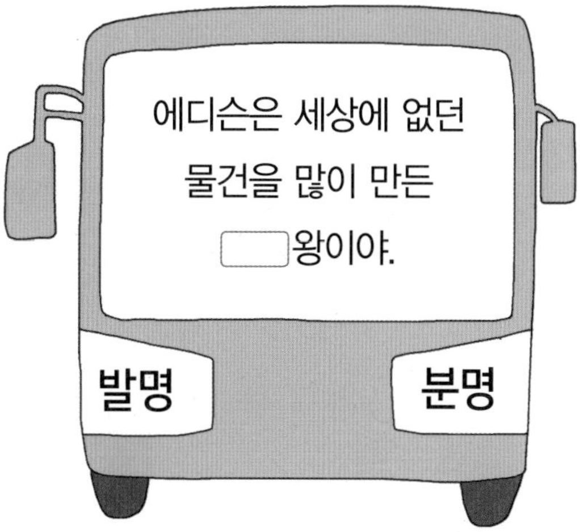

에디슨은 세상에 없던 물건을 많이 만든 ☐왕이야.

발명 분명

네 말이 진짜인지 증거를 들어서 ☐해 봐.

증명 조명

민호는 차가 막혀서 지각했다고 ☐했어.

투명 변명

2 빈칸에 알맞은 낱말과 뜻풀이를 찾아 선으로 연결해 주세요.

시냇물이 ☐해서 물고기가 다 보여. •	• **선명** •	• 속이 다 보일 정도로 맑음.
사진이 ☐하게 나왔어. •	• **투명** •	• 흐릿하지 않고 뚜렷함.

명암
明(밝을 명) 暗(어두울 암)

명암은 밝음(밝을 명, 明)과 어두움(어두울 암, 暗), 또는 기쁜 일과 슬픈 일을 뜻해요. '두 팀 사이에 명암이 엇갈렸다.'라고 하면, 두 팀 가운데 한 팀은 기쁘고 나머지 한 팀은 슬프다는 뜻이에요.

조명
照(비칠 조) 明(밝을 명)

조명은 밝게(밝을 명, 明) 비추는(비칠 조, 照) 거예요. 밝게 비추는 등은 '조명등'이라고 하지요. 어떤 것을 꾸준히 살펴볼 때 '조명하다'라고 말하기도 해요.

투명
透(통할 투) 明(밝을 명)

투명은 속까지 환히 비칠 만큼 맑은 거예요. 밖이 훤히 보이는 유리는 '투명 유리', 밖이 보이는 우산은 '투명 우산', 사람들 눈에 안 보이는 사람은 '투명 인간'이에요.

발명
發(필 발) 明(밝을 명)

전에 없던 기술이나 물건 등을 새롭게 만드는 것이 **발명**이에요. 발명을 잘하는 사람은 '발명가'라고 하고, 발명한 물건은 '발명품'이라고 해요.

분명/선명
分(나눌 분) 明(밝을 명) 鮮(고울 선)

분명은 확실하고 뚜렷한 거예요. 엄마가 "분명해?"라고 물으면 확실하냐고 묻는 것이지요. 또한 **선명**은 다른 것과 헷갈리지 않을 만큼 뚜렷한 거예요. '선명한 사진'은 물체가 뚜렷하게 찍힌 사진이에요.

변명
辨(분별할 변) 明(밝을 명)

변명은 자신이 잘못한 것에 대해 핑계를 대어 말하는 거예요. 비슷한말인 '해명'은 까닭을 풀어서(풀 해, 解) 밝히는(밝힐 명, 明) 것이에요.

설명
說(말씀 설) 明(밝을 명)

설명은 무언가에 대해 듣는 사람이 잘 알 수 있게 밝혀(밝을 명, 明) 말하는(말씀 설, 說) 거예요. 설명해 놓은 글은 '설명문'이라고 하고, 설명을 적어 놓은 종이는 '설명서'라고 해요.

증명
證(증거 증) 明(밝을 명)

증명은 어떤 것에 대하여 그것이 진짜인지 가짜인지 증거(증거 증, 證)를 들어서 밝히는 것이에요. '증명사진'은 나를 증명하려고 찍는 사진이고, '증명서'는 어떤 사실을 증명하는 서류예요.

발명하는 법

연필, 의자, 우산, 선풍기 등을 보면 어떻게 이런 물건을 발명했을까 궁금해져요. 그런데 더 놀라운 건, 이런 물건들을 발명한 사람이 아주 평범한 사람들이라는 거예요. 그 사람들은 대부분 생활 속에서 필요한 것을 찾아 생각 하나만 보태어 발명을 했지요. 어떻게 발명을 하는지 한번 알아볼까요?

〈발명을 하는 다양한 방법〉

방법1 더하기

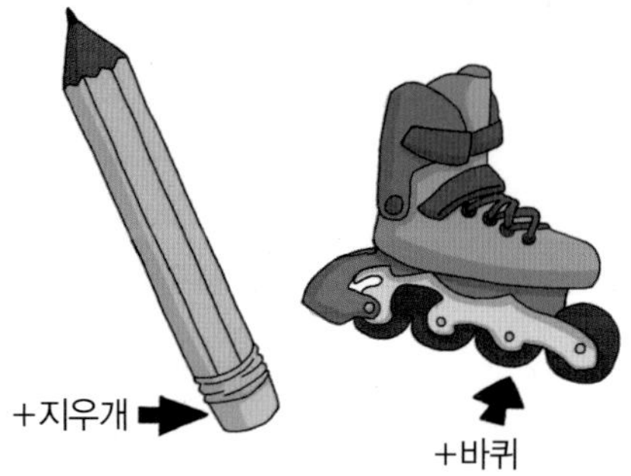

+지우개

+바퀴

이미 있는 물건에 무언가를 더하는 거예요. 연필에 지우개를 더하고, 신발에 바퀴를 더해 더 편리한 물건이 탄생했어요.

방법2 빼기

선 빼기

다리 빼기

이미 있는 물건에 무언가를 빼는 거예요. 전화기에서 선을 빼고, 의자에서 다리를 빼서 새로운 물건이 나왔어요.

방법3 모양 바꾸기

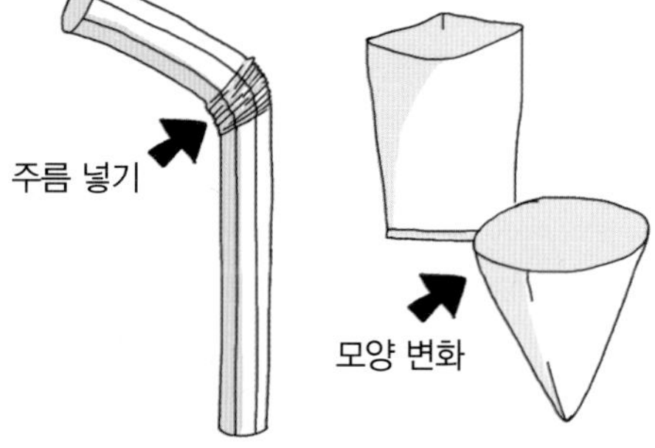

주름 넣기

모양 변화

물건의 모양을 바꾸는 거예요. 빨대에 주름을 넣고, 종이컵을 봉투나 원뿔 모양으로 바꿔서 새로운 물건이 나왔어요.

방법4 쓰임새 바꾸기

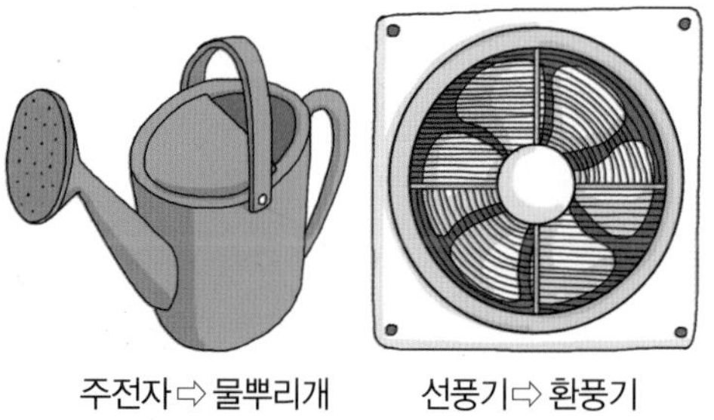

주전자⇨물뿌리개 선풍기⇨환풍기

물건의 쓰임새를 바꾸는 거예요. 주전자를 꽃에 물을 주는 도구로, 선풍기를 더러워진 공기를 깨끗하게 하는 기구로 바꾸었어요.

1 초성을 참고하여, 빈칸에 알맞은 글자를 적어 보세요.

공이 실수로 손에서 미끄러지는 바람에 유리창으로 날아간 거예요.

민호는 [ㅂ] 명을 하고 있어요.

이 계산기를 쓰려면, 먼저 ON 버튼을 눌러야 해요.

수지는 [ㅅ] 명을 하고 있어요.

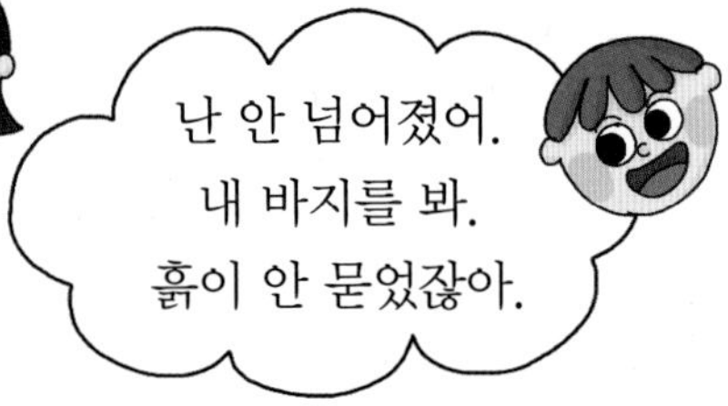

난 안 넘어졌어. 내 바지를 봐. 흙이 안 묻었잖아.

철호는 [ㅈ] 명을 하고 있어요.

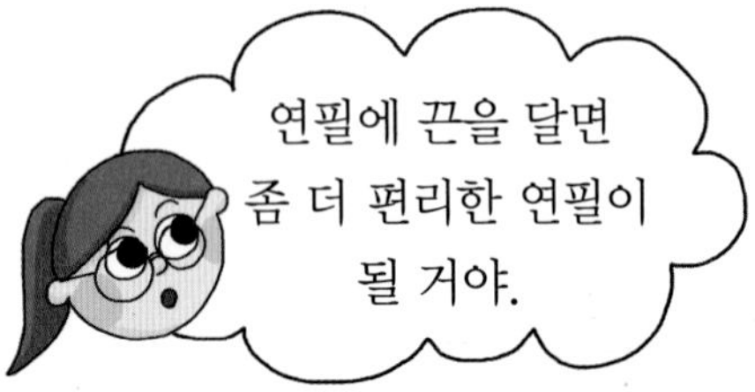

연필에 끈을 달면 좀 더 편리한 연필이 될 거야.

민희는 [ㅂ] 명을 하고 있어요.

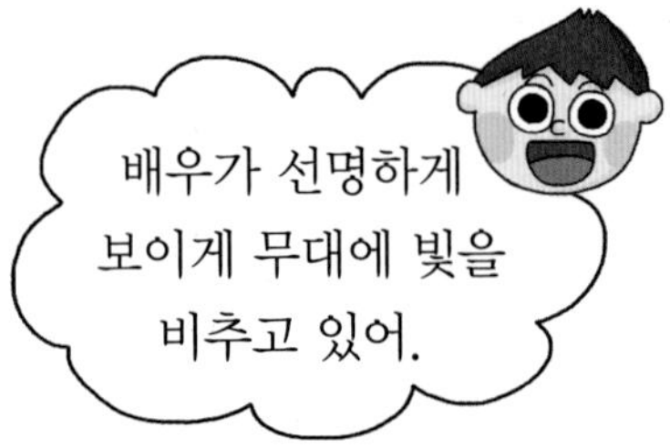

배우가 선명하게 보이게 무대에 빛을 비추고 있어.

지호는 [ㅈ] 명을 비추고 있어요.

청소는 다 같이 해야 한다고 생각해.

예지는 의견을 [ㅂ] 명하게 말했어요.

2 속뜻 짐작 밑줄 친 낱말이 어떤 뜻인지 생각해 선으로 연결해 보세요.

왜 싸웠는지 **해명** 좀 해 봐. •	• 어떤 사실을 판단해서 밝힘.
이 그림은 **명암**이 확실해. •	• 이유를 풀어서 설명함.
내 잘못이 아닌 걸로 **판명**됐어. •	• 밝음과 어두움

불은 깜깜한 밤이나 어두운 장소를 대낮같이 밝혀 줘요.
발명품 가운데 불이나 빛과 관련 있는 영어 단어를 알아볼까요?

lighthouse

lighthouse는 '등대'예요. 등대는 멀리 배를 타고 나갔던 사람들이 돌아올 때 길잡이 노릇을 하지요. 등대를 지키는 '등대지기'는 lighthouse keeper라고 해요. keeper는 '지키는 사람'이에요.

traffic light

traffic light은 '교통 신호등'이에요. 신호등 색으로 차나 사람이 가도 되는지 알려 주지요. 뜻이 같은 말로는 traffic lamps, signal lights가 있어요. traffic은 '교통'을 뜻하고, signal은 '신호'라는 뜻이에요.

2주 3일 학습 끝!
붙임 딱지 붙여요.

lighting

lighting은 '조명'이에요. 아주 오랜 옛날에는 불을 피워 어둠을 밝혔지만 요즘에는 대부분 전기를 써요. 전기로 불을 밝히는 '전기 조명'은 electric lighting, 햇빛이나 달빛 같은 '자연 조명'은 natural lighting이라고 해요. electric은 '전기를 사용하는'이라는 뜻이고, natural은 '자연의'라는 뜻이에요.

QR 찍고 발음 듣기

공부한 날짜

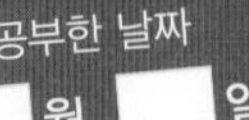

2주 화(花)가 들어간 낱말 찾기

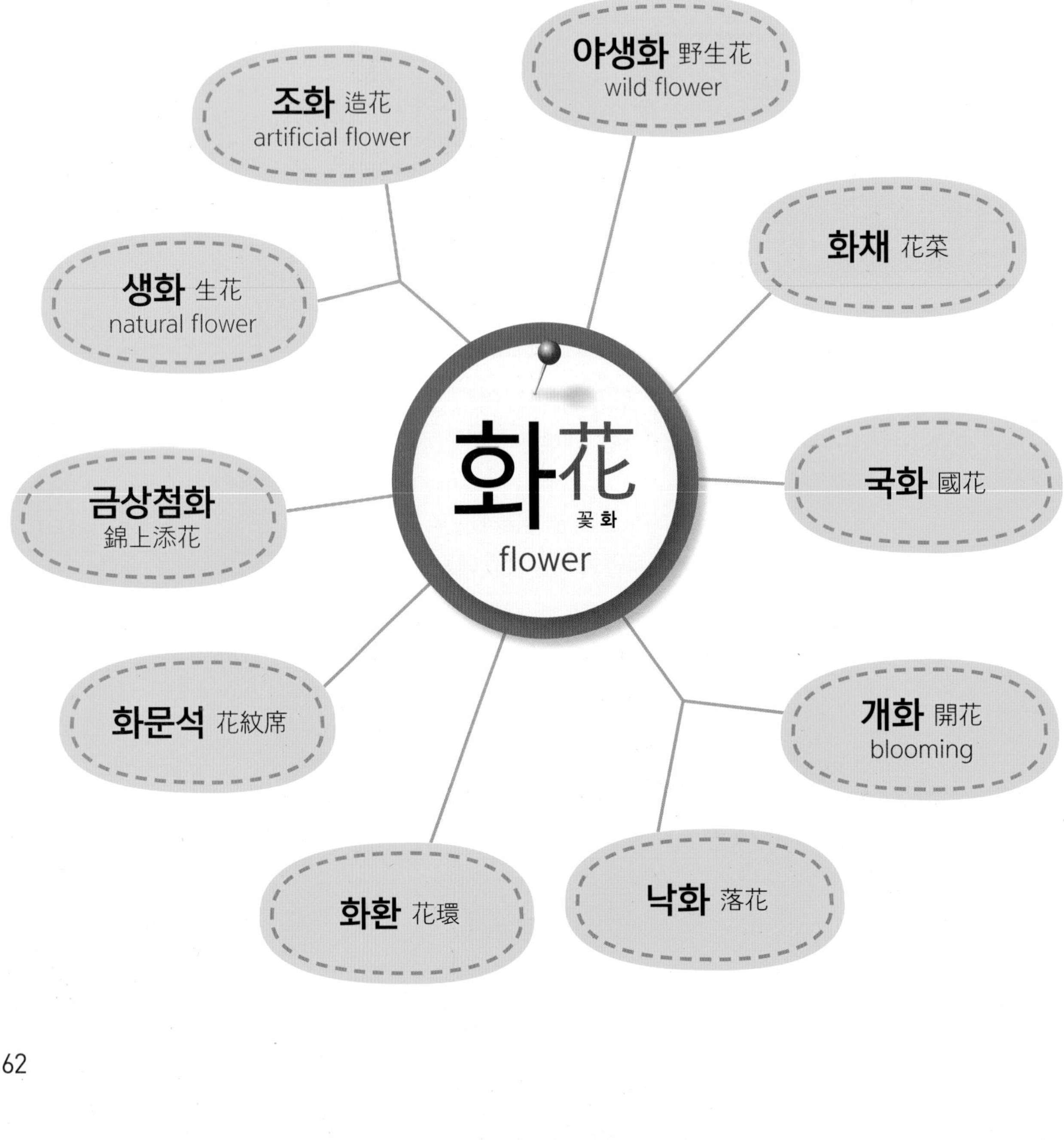

화 花 꽃 화
flower

- **조화** 造花 artificial flower
- **야생화** 野生花 wild flower
- **화채** 花菜
- **생화** 生花 natural flower
- **국화** 國花
- **금상첨화** 錦上添花
- **화문석** 花紋席
- **개화** 開花 blooming
- **화환** 花環
- **낙화** 落花

1 **글자를 이어 화환을 만들었어요. 질문에 맞는 낱말을 만들 수 있도록, 알맞은 글자들을 찾아 꽃잎과 같은 색으로 칠해 주세요.**

화 채 야 금 상 첨 화 양 국 화 베 석 문 화 차 화 낙 벌 화 생 야 나 화 개 아

예 꿀물에 과일이나 꽃잎을 넣어서 만든 음료는? (두 글자)

① 꽃이 떨어지는 것은? (두 글자)

② 꽃무늬를 수놓아 짠 돗자리는? (세 글자)

③ 좋은 일이 있는데 또 좋은 일이 생기는 것은? (네 글자)

④ 꽃이 활짝 피는 것은? (두 글자)

⑤ 산이나 들에 저절로 피는 꽃은? (세 글자)

⑥ 나라를 상징하는 꽃은? (두 글자)

익숙한 말 살피기

생화/조화
生(날 생) 花(꽃 화) 造(지을 조)

생화는 풀이나 나무 등에서 피어난 살아 있는(날 생, 生) 진짜 꽃(꽃 화, 花)이에요. 이와 달리 종이나 천, 비누 같은 재료로 사람이 만든(지을 조, 造) 꽃은 **조화**라고 해요.

야생화
野(들 야) 生(날 생) 花(꽃 화)

야생화는 산이나 들(들 야, 野)에 저절로 피는 꽃이에요. 고유어인 '들꽃'과 같은 말이지요. 그리고 산이나 들에서 저절로 자라는 풀(풀 초, 草)은 '야생초'라고 해요.

화채
花(꽃 화) 菜(나물 채)

화채는 꿀이나 설탕을 탄 물에 과일이나 꽃잎, 그리고 잣 등을 띄워 만든 음료예요. 더운 여름에 우리 조상들은 시원한 화채를 마시면서 더위를 식혔어요.

국화
國(나라 국) 花(꽃 화)

나라(나라 국, 國)를 상징하는 꽃(꽃 화, 花)을 **국화**라고 해요. 우리나라 국화는 무궁화예요. 네덜란드 국화는 튤립이고 미국 국화는 장미랍니다.

개화/낙화
開(열 개) 花(꽃 화) 落(떨어질 락/낙)

개화는 꽃봉오리(꽃 화, 花)가 열린다는(열 개, 開) 뜻으로, 꽃이 피는 거예요. 그래서 꽃이 피는 시기를 '개화 시기'라고 하지요. 반대로 꽃이 시들어 떨어지는(떨어질 락/낙, 落) 것은 **낙화**라고 해요.

화환
花(꽃 화) 環(고리 환)

결혼식장 앞에 있는 둥근 모양의 꽃 장식을 본 적이 있나요? 꽃들을 모아 고리(고리 환, 環) 모양으로 만든 것을 **화환**이라고 해요.

화문석
花(꽃 화) 紋(무늬 문) 席(자리 석)

화문석은 예쁜 꽃(꽃 화, 花)을 무늬(무늬 문, 紋)로 수놓아 짠 돗자리(자리 석, 席)예요. 왕골이라는 풀을 물들여 수놓아 만들지요. 강화도에서 만든 것이 유명해요.

금상첨화
錦(비단 금) 上(위 상)
添(더할 첨) 花(꽃 화)

금상첨화는 비단(비단 금, 錦) 위(위 상, 上)에 꽃을(꽃 화, 花) 더한다는(더할 첨, 添) 뜻으로, 좋은 일이 있는데 또 좋은 일이 생기는 거예요. 쉬는 날인데 게임까지 하면, 금상첨화겠지요?

강화도의 자랑, 화문석

지역들은 저마다 자랑할 만한 상품이 하나씩 있어요. 이런 상품은 '특별할 특(特)' 자를 넣어 '특산품'이라고 하지요. 강화도의 특산품은 꽃처럼 예쁜 무늬가 있는 돗자리인 '화문석'이에요. 강화도는 화문석의 재료인 왕골이 잘 자라는 곳이거든요. 화문석은 예쁘기도 하지만, 여름에는 시원하고 겨울에는 찬 기운을 막아 주어 인기가 많아요. 사랑받는 화문석이 어떻게 만들어지는지 알아볼까요?

〈화문석 만드는 과정〉

① 왕골 거두기
4~5월경에 심은 왕골을 8~9월 사이에 거둬요.

② 왕골 껍질 벗기기
왕골의 겉껍질을 벗기고, 흙 같은 것이 묻어 있으면 떨어내요.

③ 왕골 말리기
왕골을 3~4일가량 바짝 말려요. 왕골 색이 점점 부연 흰색으로 바뀌어요.

④ 왕골 물들이기
물감을 탄 물에 왕골을 넣고 물들여요. 물들인 것은 줄에 널어 말려요.

⑤ 화문석 짜기
부연 흰색 왕골에 물들인 왕골들을 덧대어 무늬를 엮으며 화문석을 짜요.

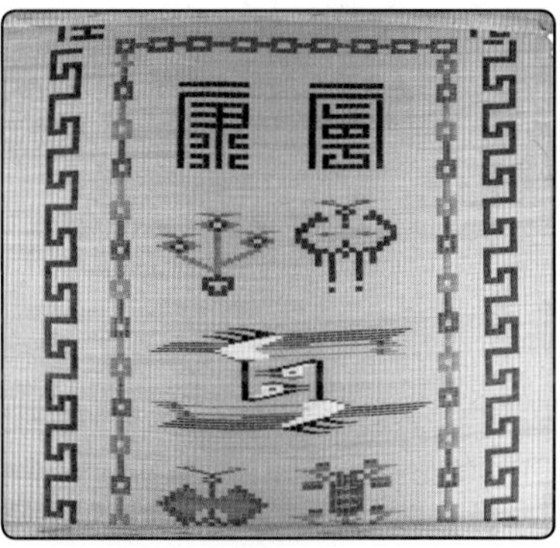

⑥ 화문석 완성!
꽃무늬, 학 무늬, 목숨과 복을 뜻하는 한자 등으로 장식한 화문석이 완성됐어요.

1 다음 대화를 보고, 상황에 어울리는 낱말에 ○ 하세요.

2 설명과 관련이 있는 낱말을 붙임 딱지에서 찾아 사진 위에 붙여 주세요.

3 속뜻 짐작 다음 그림을 보고 어울리는 낱말 카드를 골라 색칠하세요.

조화

헌화

'헌금'처럼
뭔가를 바치는
거라고?

영어의 꽃 이름 중에는 생활과 관련이 있는 이름이 제법 많아요.
어떤 것들이 있는지 알아볼까요?

morning glory

morning glory의 뜻은 '나팔꽃'이에요. morning은 '아침', glory는 '영광'이라는 뜻이지요. 나팔꽃은 아침에는 활짝 피었다가 오후에는 오므라들어서 이런 이름을 갖게 되었답니다.

baby's breath

baby's breath는 '안개꽃'이에요. baby는 '아기', breath는 '숨결'이라는 뜻이지요. 작고 하얀 꽃들이 촘촘히 흩어지는 모습 때문에 이런 이름이 붙은 것 같지요?

2주 4일 학습 끝!

붙임 딱지 붙여요.

balloonflower

balloonflower의 뜻은 '도라지꽃'이에요. balloon은 '풍선', flower는 '꽃'이지요. 꽃이 피기 전에 봉오리가 마치 풍선처럼 부풀어 올라서 이런 이름이 붙었어요.

forget-me-not

forget-me-not은 '물망초'예요. forget은 '잊다', me는 '나', not은 '~하지 말라'는 뜻으로, '나를 잊지 말아요'라는 뜻이지요. 독일 전설에 한 남자가 좋아하는 여자를 위해 이 꽃을 꺾다가 물살에 떠내려갔는데, 그때 남긴 말이 바로 forget-me-not이었다고 전해요.

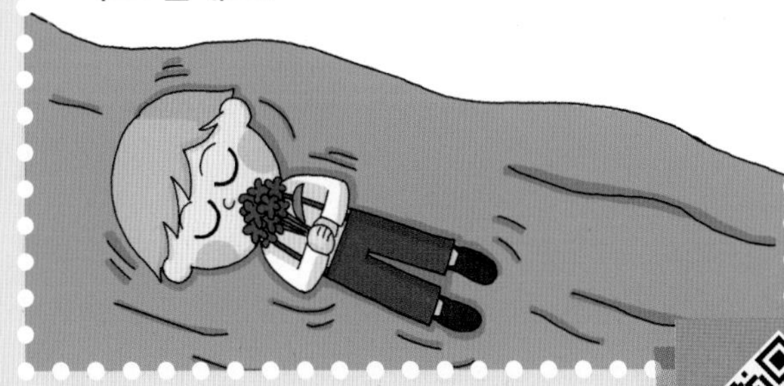

QR 찍고 발음 듣기

10 공부한 날짜 월 일

2주 전(全)이 들어간 낱말 찾기

전체가 보이게 사진 찍어 줘.
알았어!
찰칵
앗, 내가 콩알만 하게 나왔네?
전체로 보면 너는 아주 작더라고.

전全 온전할 전

- 전체 全體 whole, all
  - 전역
  - 전액
  - 전원
- 전신 全身 whole body
- 전교 全校
- 전국 全國 national
- 안전 安全 safe
- 완전 完全 complete
- 온전 穩全
- 건전 健全
- 보전 保全 preserve
- 전천후 全天候

'전(全)' 자에는 전신이나 전교처럼 '전체'라는 뜻과 안전이나 온전처럼 '흠이 없다'는 뜻, 그리고 전천후처럼 '갖추다'라는 뜻이 있어요.

1 광고지의 (　　)에 들어갈 알맞은 낱말을 골라 번호로 써 보세요.

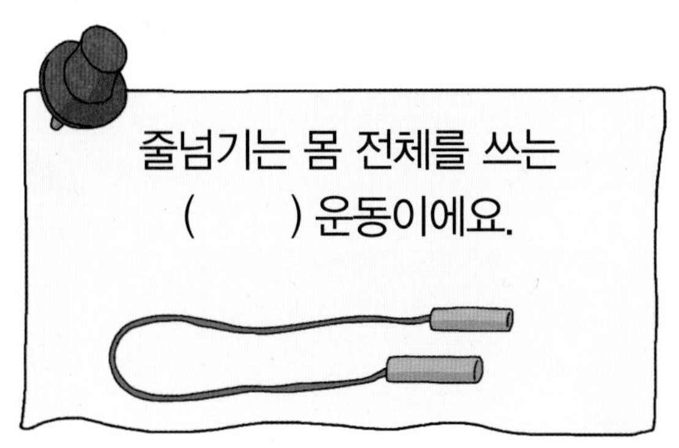

① 전국	② 안전	③ 전액	④ 전교
⑤ 보전	⑥ 전신	⑦ 건전	⑧ 전천후

익숙한 말 살피기

전체
全(온전할 전) 體(몸 체)

전체는 모든 몸(몸 체, 體), 즉 모두를 뜻해요. 이처럼 '온전할 전(全)' 자가 들어가면 모두나 전부를 뜻할 때가 많아요. '전역'은 모든 지역을, '전액'은 돈 전부를, '전원'은 단체에 속한 모든 사람을 뜻해요.

전신
全(온전할 전) 身(몸 신)

전신은 온몸(몸 신, 身)을 뜻해요. 팔 벌려 뛰기처럼 온몸을 움직이는 운동을 '전신 운동'이라고 하고, 몸 전체를 마취하는 것을 '전신 마취'라고 해요.

전교
全(온전할 전) 校(학교 교)

전교는 한 학교(학교 교, 校) 전체를 일컬어요. 전교의 모든 학생은 '전교생'이라고 하고, 전교를 대표하는 어린이들이 모인 회의는 '전교 어린이 회의'라고 해요.

전국
全(온전할 전) 國(나라 국)

전국은 온 나라(나라 국, 國)를 뜻해요. 온 나라를 나타낸 지도는 '전국 지도'라고 하고, 온 나라를 여행하는 것은 '전국 일주'라고 해요.

안전/완전
安(편안할 안) 全(온전할 전)
完(완전할 완)

'온전할 전(全)' 자에는 '흠이 없다'라는 뜻도 있어요. **안전**은 위험하지 않아서 온전히 편안한 상태이고, **완전**은 필요한 것을 모두 갖춰서 모자람이 없는 상태예요. 그리고 본바탕대로 고스란히 있는 것을 '온전'이라고 해요.

건전
健(건강할 건) 全(온전할 전)

건전은 생각이 한쪽으로 치우치지 않고 흠 없이 바른 거예요. 반대로 '아니 불/부(不)' 자가 붙은 '불건전'은 생각이 바르지 않은 것이지요. '건전하다', '불건전하다'라고 써요.

보전
保(지킬 보) 全(온전할 전)

보전은 흠이 없게 보호하여 지키는(지킬 보, 保) 거예요. 그래서 환경을 원래대로 지키는 것을 '환경 보전'이라고 해요.

전천후
全(온전할 전) 天(하늘 천)
候(기후 후)

전천후는 어떤 날씨에도 제 기능을 하는 거예요. 여기에서 '온전할 전(全)' 자는 '갖추다'라는 뜻으로 쓰여요. 실내 야구장은 어떤 날씨에도 경기를 할 수 있는 전천후 경기장이지요.

온몸을 쓰는 운동, 줄넘기

온몸을 쓰는 운동을 '전신 운동'이라고 해요. 전신 운동에는 팔 벌려 뛰기나 달리기, 태권도와 수영 등 여러 가지가 있지요. 줄넘기 역시 전신 운동 가운데 하나예요. 하지만 동작을 제대로 해야 전신 운동의 효과를 얻을 수 있지요. 줄넘기는 어떻게 하는지 배워 볼까요?

〈줄넘기 배우기〉

① 줄넘기 기본자세

가. 줄넘기 손잡이를 잡은 두 손은 허리 정도에 두어요.
나. 몸은 곧게 펴고 앞을 보세요.
다. 줄은 손목으로 돌리고, 팔과 어깨에 힘이 들어가지 않게 주의하세요.

② 줄넘기 연습 방법

가. 줄을 한 손에 모아 잡고, 줄을 돌리면서 줄넘기하듯 제자리에서 뛰어 보세요.

나. 두 손으로 줄넘기를 돌려요. 줄이 발 앞에 오면 돌리기를 멈춘 뒤 뛰어넘어요.

③ 줄넘기 방법

가. 뒤에 있는 줄을 손목으로 돌려 앞으로 가져와요.

나. 줄이 발 앞에 오면, 무릎을 살짝 굽혀 뛰어요.

다. 발의 앞부분으로 땅을 디디며 내려와요.

1 그림을 보고, 빈칸에 알맞은 낱말을 찾아 선으로 이어 주세요.

2 설명을 읽고, 이런 우산을 무엇이라고 하는지 초성을 참고하여 써 보세요.

3 속뜻 짐작 밑줄 친 낱말의 뜻을 바르게 짐작한 아이에게 ○ 하세요.

영어에도 '온전할 전(全)' 자처럼 모두나 전체를 뜻하는 단어가 많아요.
그중에서 모든 시간이나 모든 사람 등을 나타내는 영어 단어를 알아볼까요?

everyone

every는 '모두'라는 뜻이에요. 여기에 one이 붙은 everyone은 '모든 사람, 모두'를 뜻해요. 'Hello, everyone!'은 '안녕하세요, 여러분!' 또는 '여러분, 모두 안녕!'이라는 뜻이에요.

2주 5일 학습 끝!

붙임 딱지 붙여요.

everything

every에 물건을 뜻하는 thing이 붙으면, 모든 물건이나 모든 상황 등 '모든 것'을 뜻하는 everything이 돼요.

every day

every에 날을 뜻하는 day가 붙으면, '매일매일'을 뜻하는 every day가 돼요. 매일매일의 생활을 의미하는 '일상생활'은 everyday life라고 해요.

QR 찍고 발음 듣기

2주

깨닫고 익히는 ‘공부’

스승님, 공부란 무엇입니까?

음……

공부는 원래 불교의
‘주공부’라는 말에서 나왔느니라.

공부(장인 공 工, 남편 부 夫): 학문이나 기술을 배우고 익히는 일이에요.

contents

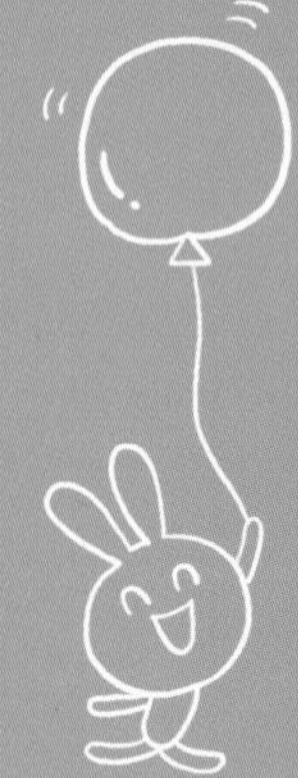

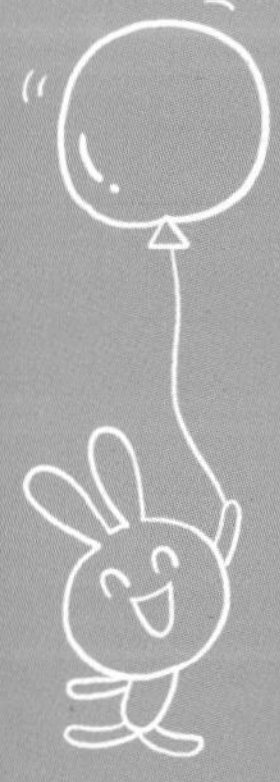

PART 2

PART2에서는 상대어나 주제어를 중심으로
관련이 있는 낱말들을 연결해서 배워요.

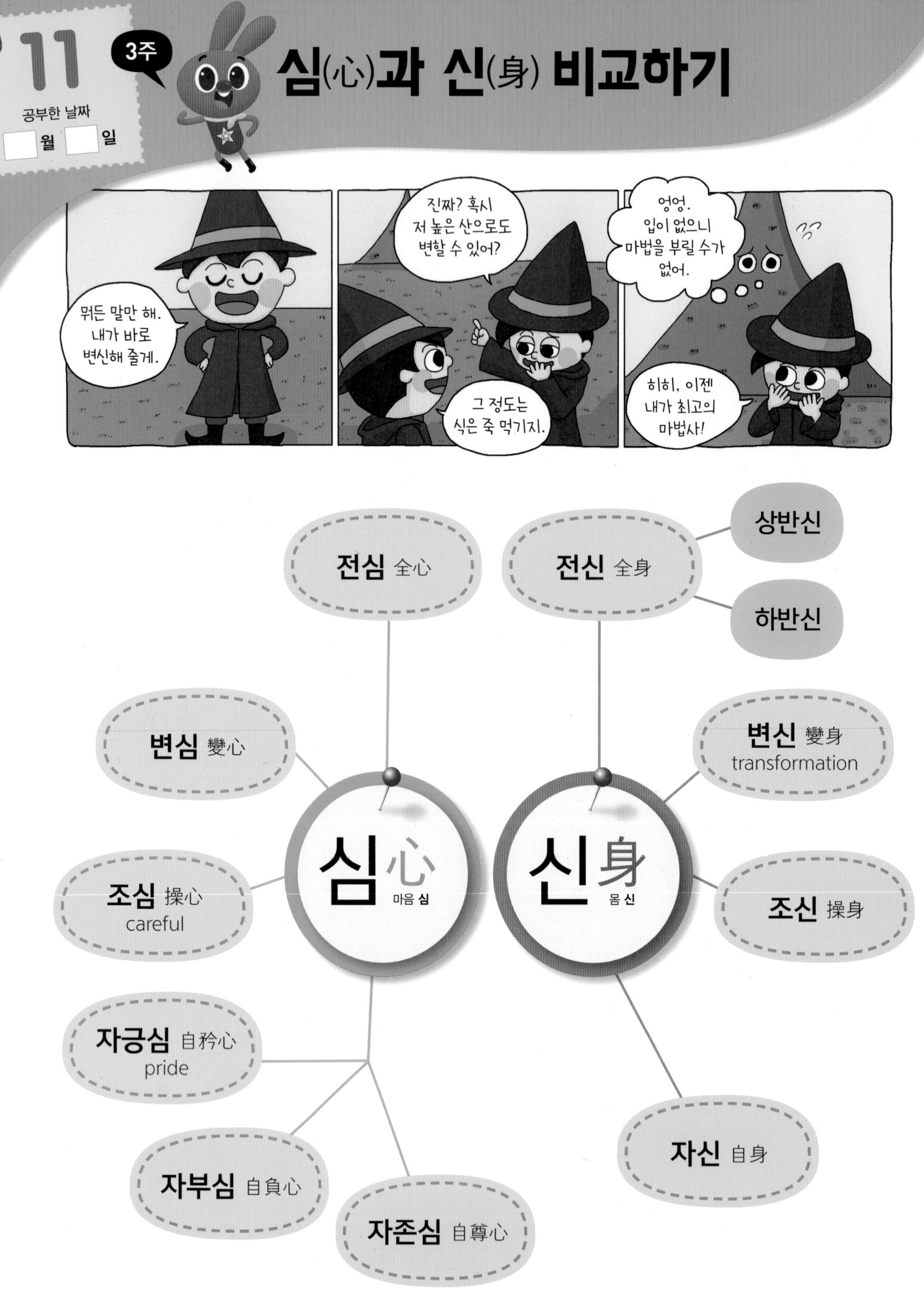
11
3주
심(心)과 신(身) 비교하기
공부한 날짜
월 일
뭐든 말만 해. 내가 바로 변신해 줄게.
진짜? 혹시 저 높은 산으로도 변할 수 있어?
그 정도는 식은 죽 먹기지.
엉엉. 입이 없으니 마법을 부릴 수가 없어.
히히, 이젠 내가 최고의 마법사!
심 心 마음 심
전심 全心
변심 變心
조심 操心 careful
자긍심 自矜心 pride
자부심 自負心
자존심 自尊心
신 身 몸 신
전신 全身
상반신
하반신
변신 變身 transformation
조신 操身
자신 自身

1 보기 의 낱말 가운데 '마음'과 관련이 있는 낱말은 하트 안에, '몸'과 관련이 있는 낱말은 몸 안에 적어 주세요.

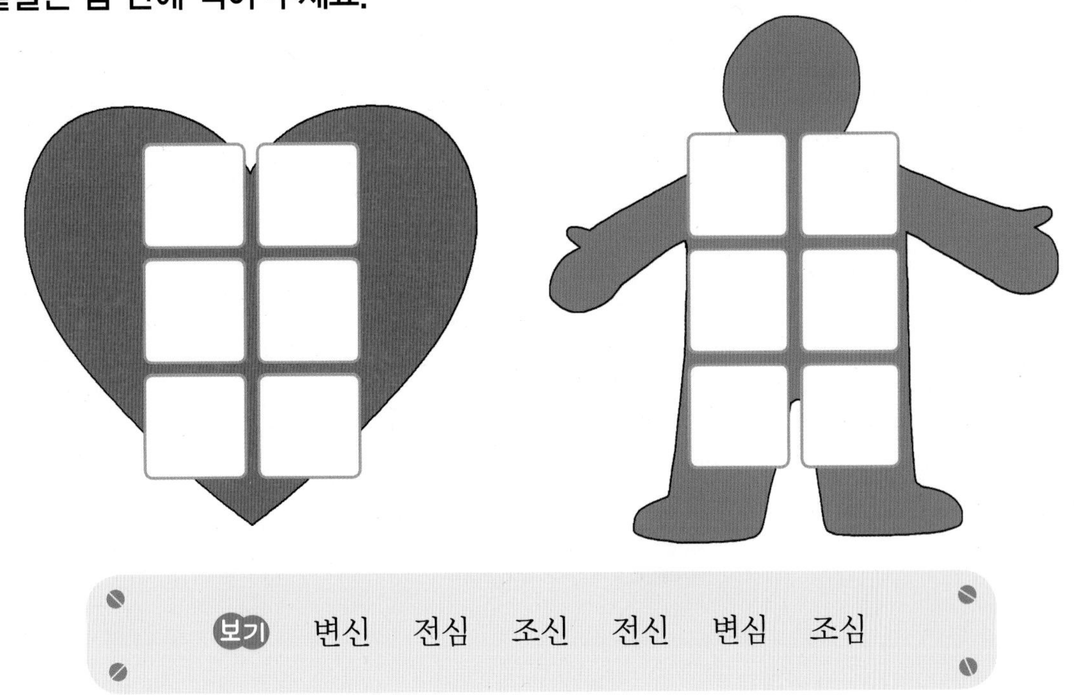

보기 변신 전심 조신 전신 변심 조심

2 사다리를 잘 따라가서 빈칸에 들어갈 글자를 찾고, 알맞은 뜻풀이를 골라 선으로 연결해 주세요.

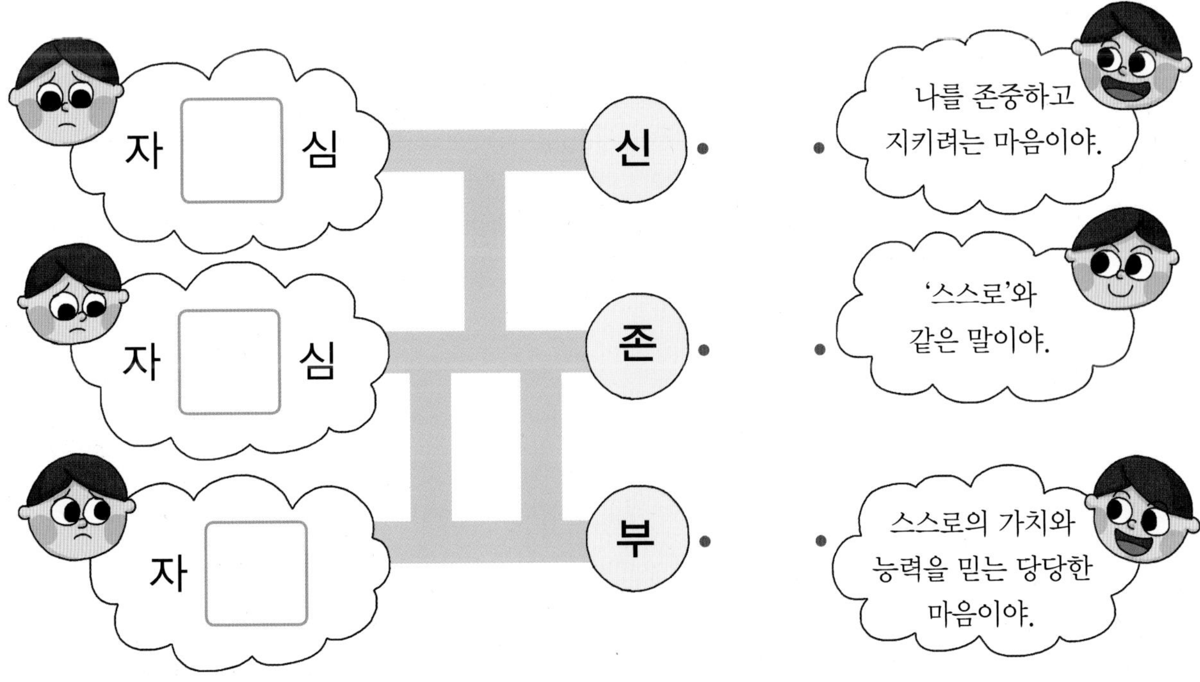

전심 vs 전신

全(온전할 전) 心(마음 심) 身(몸 신)

전심과 전신은 소리가 비슷해요. 하지만 **전심**은 온(온전할 전, 全) 마음(마음 심, 心)이라는 뜻이고, **전신**은 온몸(몸 신, 身)이라는 뜻이에요. 특히 허리 윗부분(위 상, 上)은 '상반신'이라고 하고, 허리 아랫부분(아래 하, 下)은 '하반신'이라고 해요.

변심 vs 변신

變(변할 변) 心(마음 심) 身(몸 신)

변심과 변신 역시 소리가 비슷하지만 뜻이 달라요. **변심**은 마음(마음 심, 心)이 변한다(변할 변, 變)는 뜻이고, **변신**은 몸(몸 신, 身)의 모양을 바꾼다는 뜻이거든요. 변심과 비슷한말로는 '변덕'이 있고, 변신과 비슷한말로는 '둔갑', '탈바꿈'이 있어요.

조심 vs 조신

操(잡을 조) 心(마음 심) 身(몸 신)

조심은 잘못하거나 실수하지 않도록 마음(마음 심, 心)을 다잡는다(잡을 조, 操)는 뜻이에요. 비슷한말로는 '신중'이 있어요. 반면 **조신**은 몸가짐(몸 신, 身)을 얌전하게 한다는 뜻이지요.

자긍심/자부심

自(스스로 자) 矜(자랑할 긍) 心(마음 심) 負(질 부)

자긍심, 자부심, 자존심은 모두 스스로를 자랑스럽게 여기는 마음이에요. **자긍심**은 자신을 믿고 자랑스럽게 여기는 마음이고, **자부심**은 자신의 능력을 믿고 당당히 여기는 마음이에요. 또한 '자존심'은 자신을 높이고(높을 존, 尊) 스스로를 지키는 마음이에요.

자신

自(스스로 자) 身(몸 신)

자신은 내 몸이나 나 스스로를 뜻해요. '자기', '본인', '나'와 같은 말이지요. '스스로 자(自)' 대신 '대신할 대(代)'를 넣은 '대신'은 어떤 역할이나 자리를 바꾸는 것이에요.

내 마음을 표현하는 말

엄마께 칭찬을 들으면 기쁘고, 친구와 싸우면 속상해요. 사랑하는 강아지가 아프면 많이 슬프지요. 이렇듯 우리에게는 여러 마음이 있어요. 내 마음을 알고, 그 마음을 잘 표현하면 우리는 주변 사람들과 더 행복하게 지낼 수 있어요. 그러면 나에게는 어떤 마음이 있는지 한번 생각해 볼까요?

속뜻 짐작 능력 테스트

1 빈칸에 알맞은 낱말을 찾아 선으로 이어 주세요.

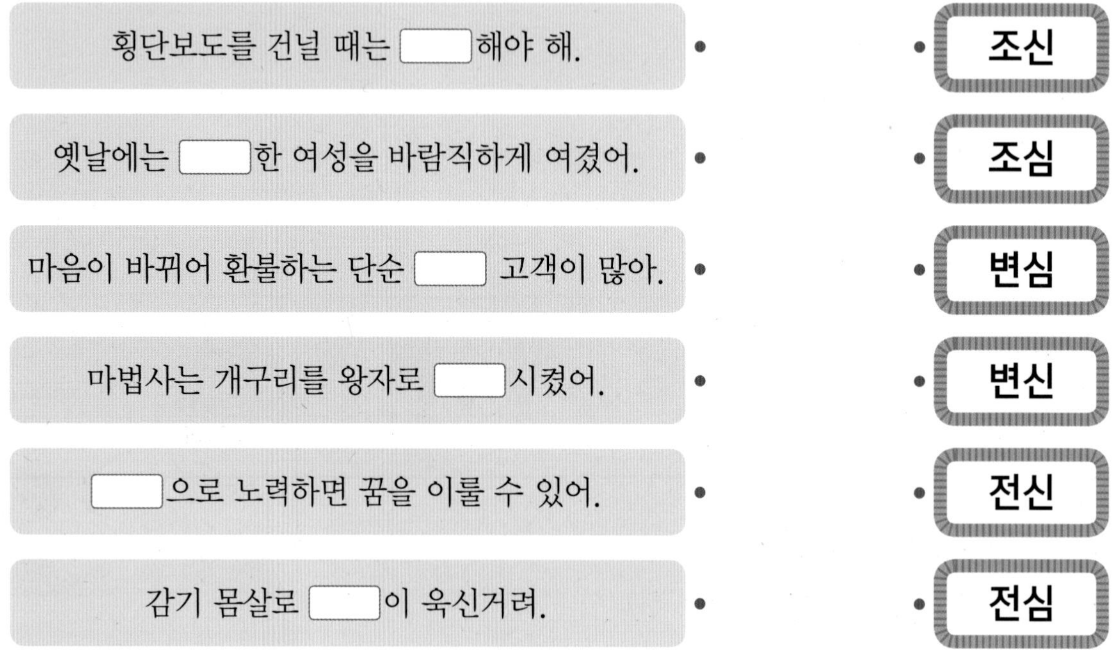

횡단보도를 건널 때는 [　　]해야 해.	조신
옛날에는 [　　]한 여성을 바람직하게 여겼어.	조심
마음이 바뀌어 환불하는 단순 [　　] 고객이 많아.	변심
마법사는 개구리를 왕자로 [　　]시켰어.	변신
[　　]으로 노력하면 꿈을 이룰 수 있어.	전신
감기 몸살로 [　　]이 욱신거려.	전심

2 알맞은 글자 세 개에 ○ 해서, 그림과 관련 있는 낱말을 만들어 주세요.

자	조	긍	긴	심

3 속뜻 짐작 **㉮와 ㉯에 들어갈 낱말을 바르게 짝지은 것은? (　　　)**

동생과 집에 오는 길에 덩치가 큰 개를 만났다. 내 (㉮ **거짓 없는 마음**)은 당장 다른 곳으로 (㉯ **위험을 피해 숨음.**)하고 싶었지만, 동생이 보고 있어서 겁이 안 나는 척했다.

① ㉮ 피신, ㉯ 본심　　② ㉮ 본심, ㉯ 피신

③ ㉮ 자신, ㉯ 피신　　④ ㉮ 본심, ㉯ 전심

몸과 마음은 매우 큰 능력을 가지고 있지만, 쉽게 다치기도 해요.
건강하게 지켜야 할 몸과 마음을 영어로 알아볼까요?

mind

mind는 주로 '정신'이라는 뜻으로 쓰여요. 서양 사람들은 mind가 머리에 있다고 생각하지요. 하지만 mind는 우리말로 '정신'도 되고 '마음'도 돼요. 'Are you out of your mind?'는 '너 정신 나갔어?'라는 뜻이고, peace of mind는 '마음의 평화'라는 뜻이에요.

heart

heart는 '마음', 혹은 '심장'이에요. 심장은 사람 몸에서 가장 중요한 곳 가운데 하나이지요. 그래서 때로는 '핵심'이라는 뜻으로 쓰이기도 해요.

body

body는 '몸'이에요. 서양 속담 가운데 하나인 '건강한 몸에 건강한 정신이 깃든다.'라는 말은 'A sound mind in a sound body.'라고 하지요. 이때 sound는 '건강하다'라는 뜻이에요.

3주 1일 학습 끝!
붙임 딱지 붙여요.

QR 찍고 발음 듣기

12

공부한 날짜 월 일

3주

냉(冷)과 온(溫) 비교하기

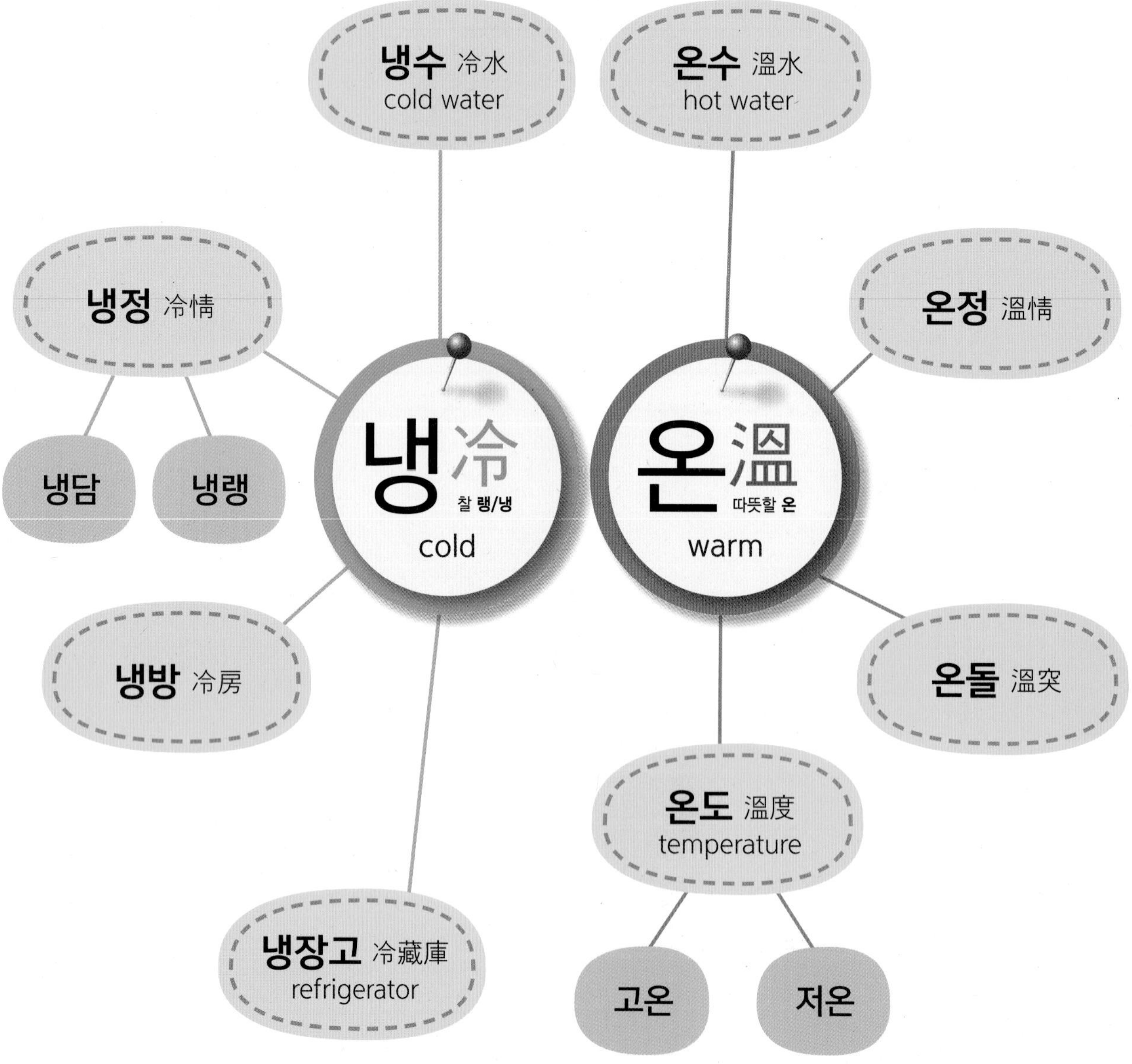

냉 冷 찰 랭/냉 cold

- **냉수** 冷水 cold water
- **냉정** 冷情
  - 냉담
  - 냉랭
- **냉방** 冷房
- **냉장고** 冷藏庫 refrigerator

온 溫 따뜻할 온 warm

- **온수** 溫水 hot water
- **온정** 溫情
- **온돌** 溫突
- **온도** 溫度 temperature
  - 고온
  - 저온

1 다음 낱말들 중에서 차가운 느낌이 드는 말은 파란색, 따뜻한 느낌이 드는 말은 빨간색으로 색칠해 주세요.

냉수	고온	냉방	냉장고
온돌	온정	냉랭	온수

2 그림을 보고 '냉' 자가 들어가야 할 빈칸에는 ○, '온' 자가 들어가야 할 빈칸에는 △ 하세요.

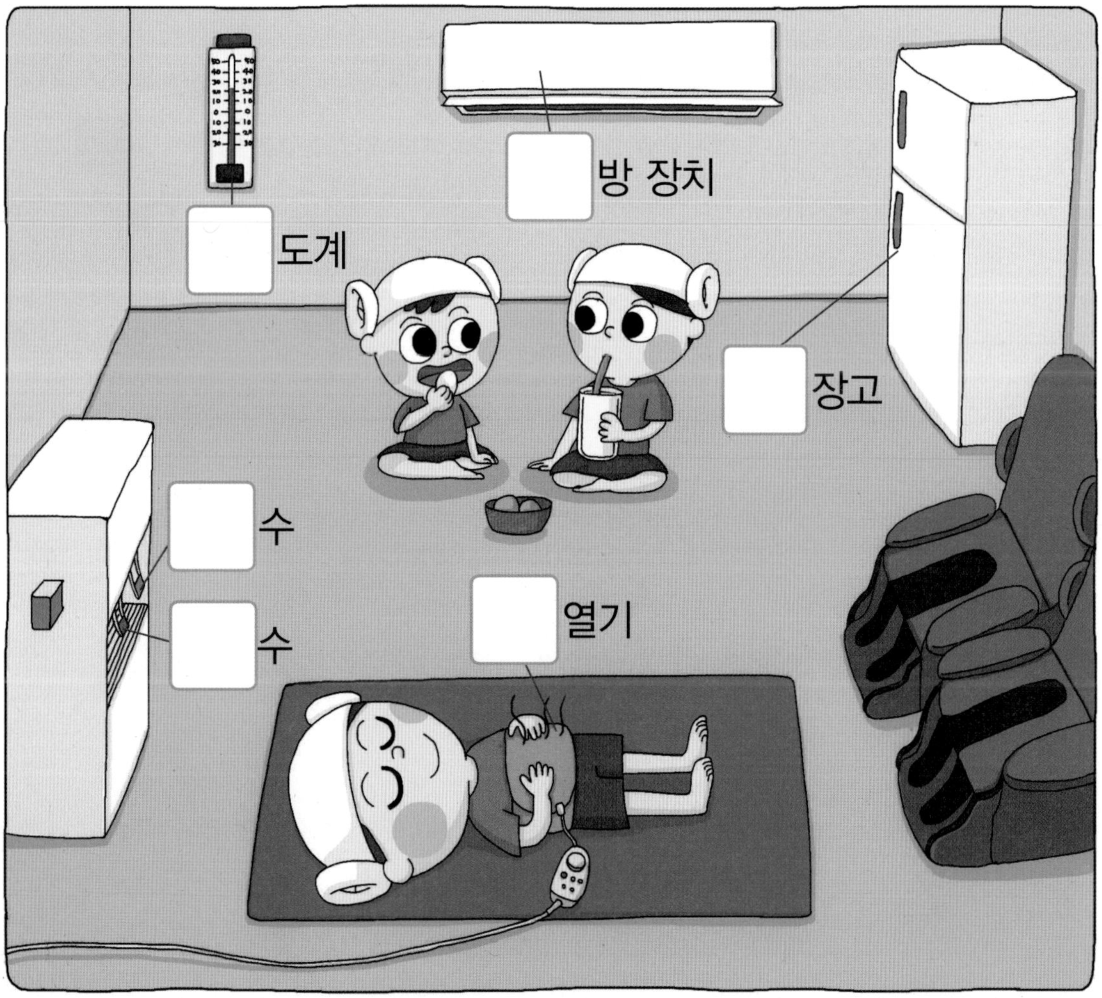

☐ 방 장치

☐ 도계

☐ 장고

☐ 수

☐ 수

☐ 열기

냉수 vs 온수

冷(찰 랭/냉) 水(물 수) 溫(따뜻할 온)

냉수는 차가운(찰 랭/냉, 冷) 물(물 수, 水)로 '찬물'과 같은 말이에요. '찰 랭/냉(冷)' 자는 낱말 맨 앞에 오면 '냉'이라고 읽히지요. 반대로 따뜻한(따뜻할 온, 溫) 물은 **온수**로 '더운물'과 같아요.

냉정 vs 온정

冷(찰 랭/냉) 情(뜻 정) 溫(따뜻할 온)

냉정하다는 것은 말이나 행동이 정답지 않고 차가운(찰 랭/냉, 冷) 거예요. 비슷한말로는 '냉담하다'와 '냉랭하다'가 있어요. 반대로 **온정**은 말이나 행동이 따뜻한(따뜻할 온, 溫) 거예요. 그래서 어려운 사람을 도와주면 '온정이 넘친다.'라고 말해요.

냉방 vs 온돌

冷(찰 랭/냉) 房(방 방) 溫(따뜻할 온)
突(갑자기/부딪칠 돌)

냉방은 차가운(찰 랭/냉, 冷) 방(방 방, 房)이나, 방이 시원해지게 온도를 낮추는 일이에요. 실내 온도를 낮추는 에어컨이나 선풍기 등을 '냉방 장치'라고 해요. 반면 **온돌**은 방을 덥히는 장치예요. 아궁이에 불을 때면 따뜻한 연기가 방 밑을 지나 굴뚝으로 나가면서 방을 따뜻하게 데워 주지요. 전기장판같이 따뜻하게 데우는 기계는 '온열기'라고 해요.

냉방 장치

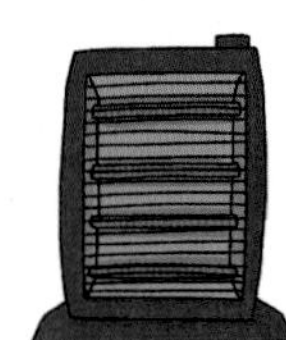

온열기

냉장고

冷(찰 랭/냉) 藏(감출 장) 庫(창고 고)

냉장고는 음식이나 약 등을 차게 보관하는 장치예요. 냉장고보다 더 차가운 온도를 유지해 음식을 꽁꽁 얼려서(얼 동, 凍) 보관하는 곳은 '냉동고'라고 해요.

온도

溫(따뜻할 온) 度(법도 도)

온도는 얼마나 따뜻하고 얼마나 차가운지 표시한 수치예요. 온도가 높으면(높을 고, 高) '고온', 온도가 낮으면(낮을 저, 低) '저온'이라고 해요.

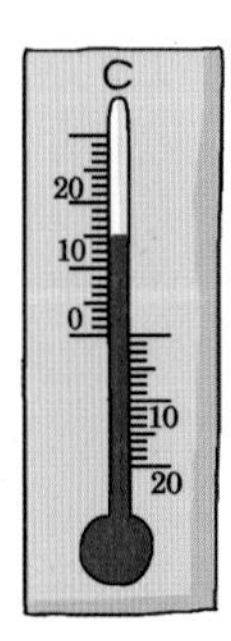

세계의 날씨는 다양해요. 어떤 곳은 일 년 내내 덥고, 어떤 곳은 일 년 내내 춥지요. 또 어떤 곳은 비가 많이 오고, 다른 어떤 곳은 비가 거의 오지 않아요. 이렇게 한 지역에 오랫동안 나타나는 날씨를 '기후'라고 하지요. 세계에는 어떤 기후가 있을까요?

열대 기후 열대 기후는 일 년 내내 아주 덥고(더울 열, 熱) 비도 많이 내려요. 아무리 추워도 18도 아래로 잘 내려가지 않지요. 이곳에는 나무가 울창하고 다양한 생명체들이 살아요.

온대 기후 온대 기후는 온화한(따뜻할 온, 溫) 날씨로, 사람이 살기에 가장 좋은 기후예요. 봄, 여름, 가을, 겨울 등 계절 변화가 있어서, 다양한 문화가 발달했어요.

냉대 기후 냉대 기후는 겨울이 매우 춥고(찰 랭/냉, 冷) 긴 데 비해 여름이 짧아요. 눈이 많이 와서 스키나 스케이트 등 눈 위에서 하는 운동이 발달되어 있어요.

한대 기후 한대 기후는 북극과 남극 날씨로, 일 년 내내 많이 추워요(찰 한, 寒). 지역 대부분이 얼음에 덮여 있을 때가 많아서, 식물이 잘 살지 못한답니다.

1 그림에 숨어 있는 낱말과 상대되는 낱말을 붙임 딱지에서 찾아 붙여 주세요.

2 초성을 참고해서, 빈칸에 알맞은 낱말을 써 주세요.

적정한 실내 ㅇ ㄷ 를 지켜요.

친구 사이가 ㄴ ㄹ 해졌어요.

3 속뜻 짐작 물건들을 차가운 기운이 느껴지는 것과 따뜻한 기운이 느껴지는 것으로 나누어 선으로 연결해 주세요.

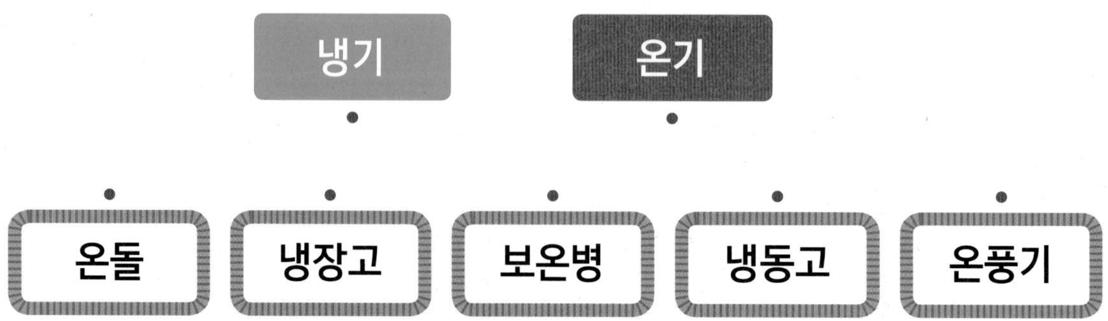

우리말에는 '차다', '시원하다', '따뜻하다', '뜨겁다'처럼 온도를 표현하는 말이 많아요. 영어로는 차고 따뜻한 걸 어떻게 표현할까요?

warm

warm은 '따뜻하다, 훈훈하다'는 뜻이에요. '마음이 따뜻한'은 warm-hearted라고 해요.

hot

hot은 '덥다, 뜨겁다'는 뜻이에요. '더운 날씨'는 hot weather라고 하고, '온수'는 hot water라고 해요.

3주 2일 학습 끝!

붙임 딱지 붙여요.

cool

cool은 '시원하다, 서늘하다'는 뜻이에요. '시원한 날씨'는 cool weather라고 해요.

cold

cold는 '춥다, 차갑다'는 뜻이에요. '냉수'는 cold water, '차가운 음료'는 cold drink라고 해요.

QR 찍고 발음 듣기

13 3주 춘(春)하(夏)추(秋)동(冬)이 들어간 말 비교하기

공부한 날짜 월 일

1 낱말 열차가 출발했어요. 각 기차의 빈칸에 공통으로 들어갈 글자를 붙임 딱지에서 찾아 붙여 주세요.

붙이는 곳

입 □ — 봄이 시작되는 절기
청 □ — 인생의 젊은 나이
사 □ 기 — 어른이 되어 가는 시기
회 □ — 도로 젊어짐.

붙이는 곳

□ 지 — 낮이 가장 긴 절기
□ 계 올 림 픽 — 겨울철 운동을 뺀 다양한 운동을 겨루는 올림픽

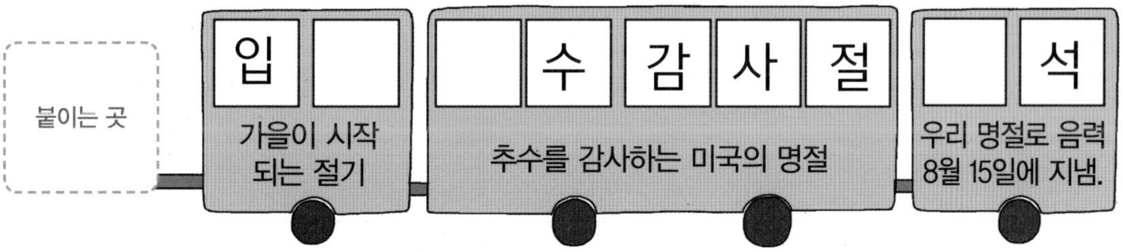

붙이는 곳

입 □ — 가을이 시작되는 절기
□ 수 감 사 절 — 추수를 감사하는 미국의 명절
□ 석 — 우리 명절로 음력 8월 15일에 지냄.

붙이는 곳

□ 지 — 밤이 가장 긴 절기
□ 계 올 림 픽 — 겨울철 운동을 겨루는 올림픽

입춘 vs 입추

立(설 립/입) 春(봄 춘) 秋(가을 추)

우리 조상들은 일 년을 스물넷으로 나누고 이를 '절기'라고 했어요. 절기를 알면 기후 변화에 대비할 수 있었지요. 24절기 가운데 하나인 **입춘**은 봄(봄 춘, 春)이 시작되는 때이고, 또 다른 절기인 **입추**는 가을(가을 추, 秋)이 시작되는 때예요.

하지 vs 동지

夏(여름 하) 至(이를 지) 冬(겨울 동)

24절기 가운데 하나인 **하지**는 한여름(여름 하, 夏)에 이른(이를 지, 至) 때로, 일 년 중 낮이 가장 길어요. 반대로 일 년 중 밤이 가장 긴 때는 한겨울(겨울 동, 冬)에 이른 **동지**예요. 동지에는 팥죽을 끓여 먹는 풍습이 있어요.

하계 올림픽 vs 동계 올림픽

夏(여름 하) 季(철 계) 冬(겨울 동)

하계 올림픽은 겨울 운동을 뺀 다양한 운동 실력을 겨루는 올림픽이에요. 4년마다 열리지요. 반면 겨울철(겨울 동 冬, 철 계 季) 운동 실력을 겨루는 올림픽은 **동계 올림픽**이라고 해요. 스키와 스케이트 등을 겨뤄요.

사춘기/청춘

思(생각 사) 春(봄 춘)
期(기약할 기) 靑(푸를 청)

봄은 새싹이 돋는 희망찬 계절이에요. 그래서 인생의 희망찬 시기에도 '봄 춘(春)' 자를 붙여요. **사춘기**는 어른이 되어 가는 때로, 새싹이 자라는 것처럼 몸과 마음이 빠르게 변해요. **청춘**은 한창 젊고 건강한 때이고, '회춘'은 나이는 들었지만 다시(돌 회, 回) 젊어진 듯 활기차진 것이에요.

추석/중추절

秋(가을 추) 夕(저녁 석)
仲(버금 중) 節(마디 절)

추석은 우리 민족 고유의 명절로, 가을에 추수를 마친 뒤 지내요. '한가위'라고도 부르지요. 다른 나라에도 가을 명절이 있는데, 중국의 가을 명절은 **중추절**, 미국의 가을 명절은 '추수 감사절'이라고 해요.

동물들의 겨울나기

숲속 동물들은 다양한 방법으로 겨울을 나요. 어떤 동물은 털을 갈아서 추위를 막고, 어떤 동물은 겨울이 되기 전에 실컷 먹고 겨울잠을 자지요. 겨울을 나는 여러 동물들의 모습을 그림으로 살펴보아요.

〈겨울잠을 안 자는 동물들〉

〈겨울잠을 자는 동물들〉

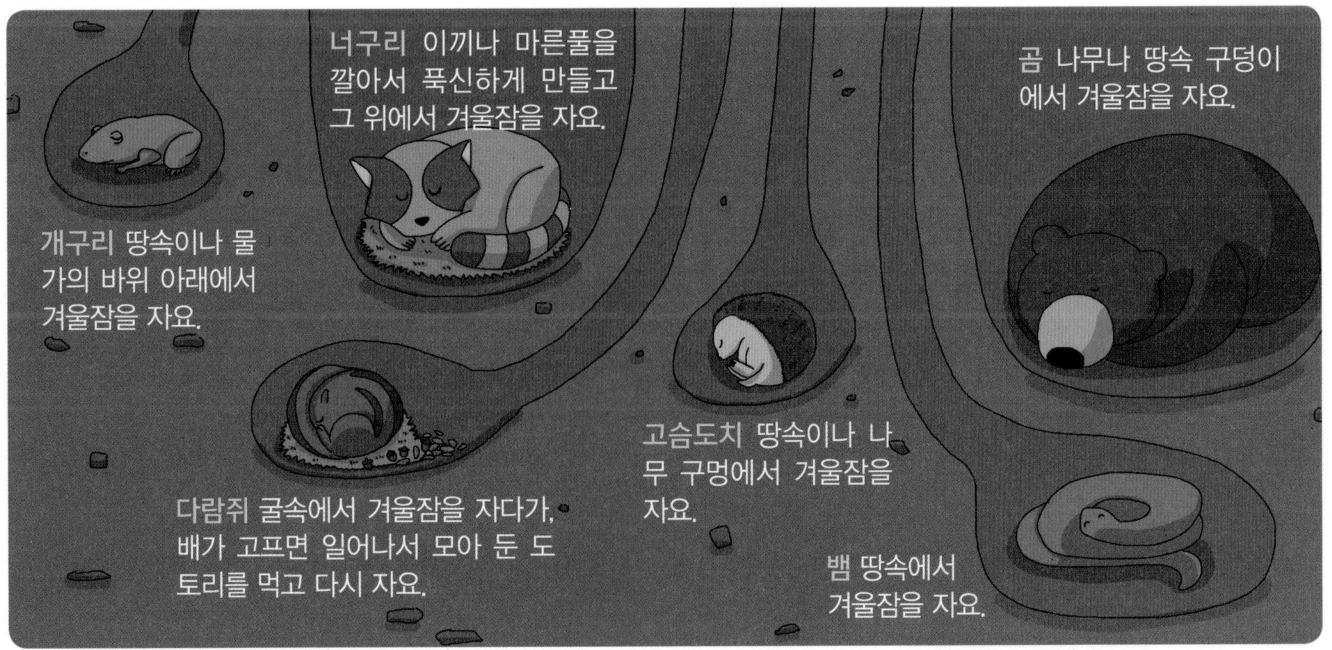

1 그림을 보고, (   )에서 알맞은 낱말을 골라 ○ 하세요.

① 나이가 많아도 생각이 젊으면 (**청춘** / **회춘**)이야.

② 손자 재롱에 할아버지가 (**입춘** / **회춘**)한 듯 활짝 웃으셨어요.

③ 2018년 겨울, 강원도 평창에서 (**하계** / **동계**) 올림픽이 열렸어요.

2 아이가 설명하는 절기를 선으로 이어 주세요.

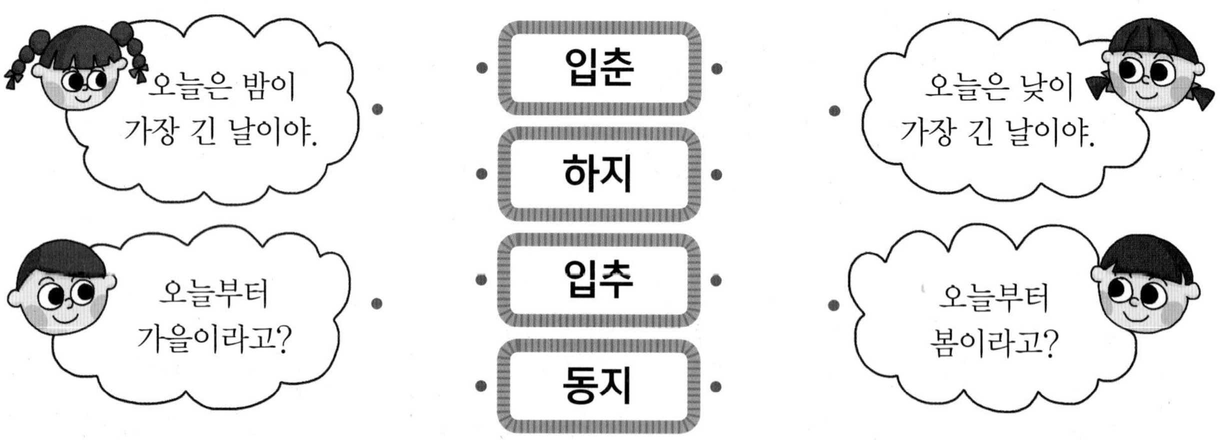

3 속뜻 짐작 아이들의 대화와 관련이 있는 낱말 카드를 골라 색칠해 보세요.

동면

춘곤증

춘하추동은 우리말로 봄, 여름, 가을, 겨울이라고 해요.
그럼 영어로는 뭐라고 할까요? 함께 알아봐요.

spring

spring은 꽃과 나무, 동물들이 새로 깨어나는 계절, '봄'이에요. 그래서 개나리나 진달래 같은 '봄꽃'을 spring flowers라고 하지요. spring에는 '샘'이라는 뜻도 있어서, '샘물'을 spring water라고 해요.

summer

summer는 '여름'이에요. 아주 더운 '한여름'은 high summer라고 하고, '여름 방학'은 summer vacation이라고 해요.

3주 3일 학습 끝!

붙임 딱지 붙여요.

autumn / fall

'가을'은 autumn, 또는 fall이에요. 가을이면 빨갛고 노랗게 단풍이 들지요? '단풍 든 나뭇잎'은 autumn leaf라고 해요.

winter

winter는 '겨울'이에요. '겨울에 입는 코트'는 a winter coat라고 하고, '겨울 방학'은 winter vacation이라고 해요.

QR 찍고 발음 듣기

14 3주 기후(氣候) 관련 말 찾기

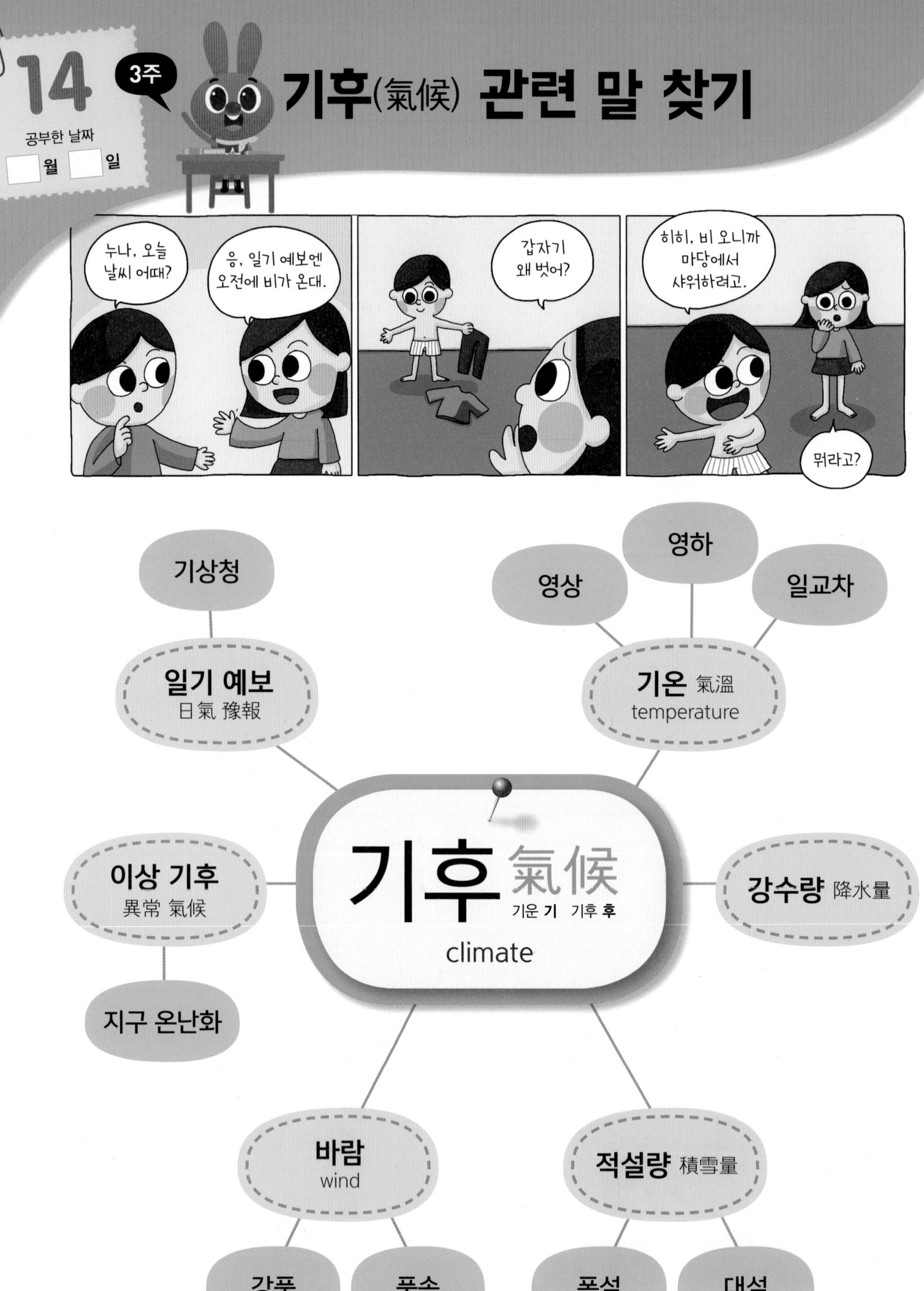

1 다음 설명과 관련이 있는 낱말을 선으로 연결해 주세요.

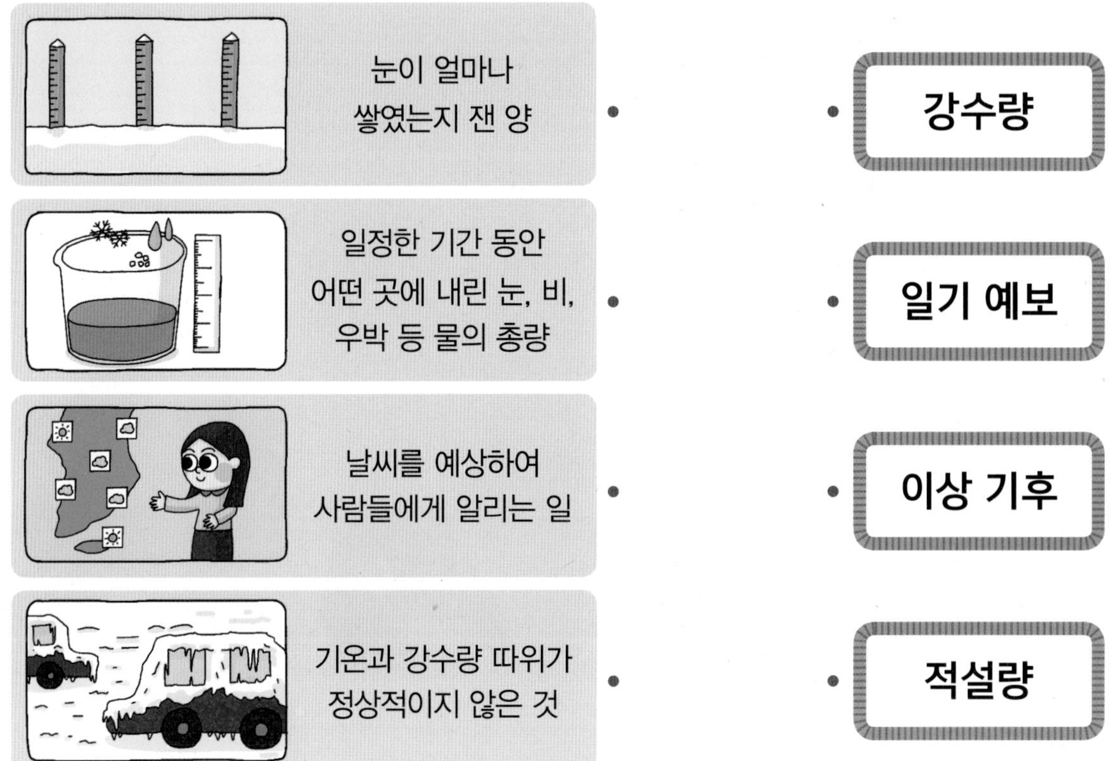

2 아이 둘이 번갈아 가며 퀴즈를 내고 있어요. 각 퀴즈의 답을 여러분이 직접 빈칸에 써 보세요.

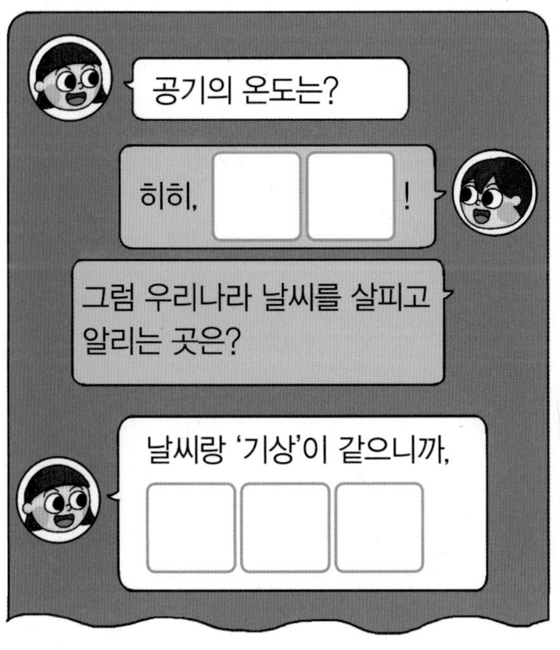

앞에서 냉대 기후, 온대 기후 등을 공부했지요? '기후'는 어느 한 곳에 여러 해에 걸쳐 나타나는 날씨라는 것도 배웠고요. 그럼 이번에는 기후와 관련 있는 낱말들을 좀 더 알아볼까요?

일기 예보

日(날 일) 氣(기운 기)
豫(미리 예) 報(갚을/알릴 보)

일기 예보는 하루(날 일, 日)의 날씨(기운 기, 氣)를 미리(미리 예, 豫) 알려 주는(갚을/알릴 보, 報) 것이에요. '기상청'에서 날씨를 살피고 예보도 하지요. 그러면 일기 예보는 어떤 과정을 거쳐 우리에게 전달되는지 알아볼까요?

일기 예보 과정

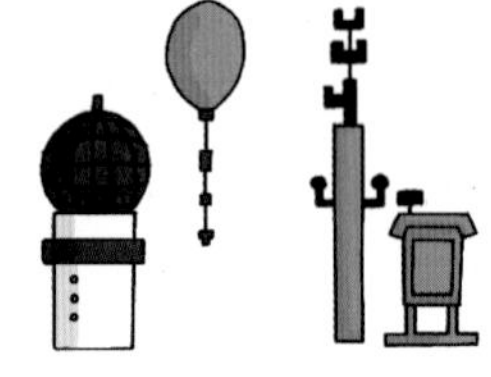

① 날씨 관측하기
땅과 바다, 하늘의 기온, 바람 등을 살펴요.

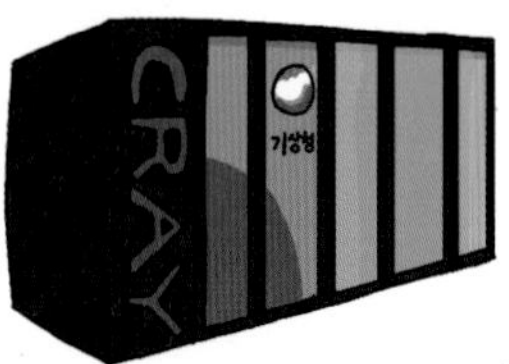

② 자료 모으기
우리나라와 외국의 기상 자료를 슈퍼컴퓨터에 모아요.

③ 분석/일기 예보 작성
여러 자료를 분석한 뒤, 일기 예보를 작성해요.

④ 알리기
언론사와 재해 관련 기관 등에 예보를 전달해요.

기 온

氣(기운 기) 溫(따뜻할 온)

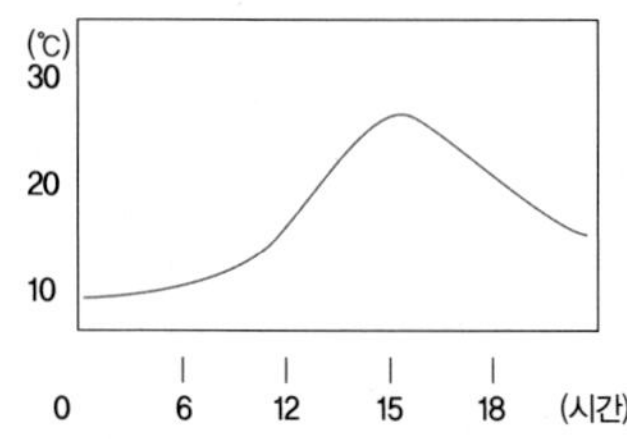

기온은 공기(기운 기, 氣)가 얼마나 따뜻한지(따뜻할 온, 溫) 나타낸 거예요. 영상 또는 영하로 표시하는데 온도가 0도보다 높으면(위 상, 上) '영상' 날씨이고, 온도가 0도보다 낮으면(아래 하, 下) '영하' 날씨예요. 같은 날이어도 아침은 서늘하고 낮은 따뜻하지요? 이렇게 하루의 최고 기온과 최저 기온의 차이(어긋날 차, 差)를 '일교차'라고 해요.

강수량

降(내릴 강) 水(물 수)
量(헤아릴 량/양)

강수량은 하늘에서 내린(내릴 강, 降) 물의 양(헤아릴 량/양, 量)을 기간을 정해 놓고 잰 거예요. 강수량에는 비뿐 아니라 눈이나 우박 따위도 포함되지요. 먼 옛날 우리 조상들은 비(비 우, 雨)의 양을 측정(헤아릴 측, 測)하는 기구인 '측우기'를 개발해 강수량을 잿어요.

적설량

積(쌓을 적) 雪(눈 설) 量(헤아릴 량/양)

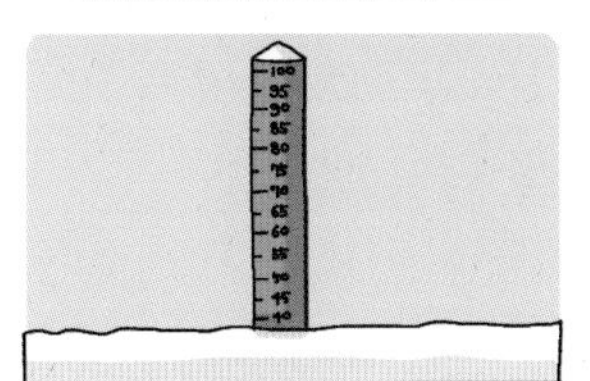

눈이 많이(큰 대, 大) 내리는 것은 '대설'이라고 하고, 눈이 갑자기 많이 내리는 것은 '사나울 폭/포(暴)' 자를 붙여 '폭설'이라고 해요. 눈이 땅에 수북이 쌓인(쌓을 적, 積) 양(헤아릴 량/양, 量)은 **적설량**이라고 하지요. 눈이 많이 쌓이면 눈의 무게 때문에 지붕이 내려앉는 등 피해가 커요. 그래서 기상청에서는 하루에 새롭게 쌓이는 적설량이 5센티미터를 넘길 것으로 예상되면 '대설 주의보'를 내리고, 20센티미터를 넘길 것으로 예상되면 '대설 경보'를 내려요.

바람

공기가 움직이는 것을 **바람**이라고 해요. 바람은 빠르게 불기도 하고 느리게 불기도 해요. 바람(바람 풍, 風)이 얼마나 빠른지(빠를 속, 速) 숫자로 나타낸 것은 '풍속'이에요. 풍속이 크면 강한 바람인 '강풍'이고, 풍속이 작으면 약한 바람인 '약풍'이에요. 여름철에 찾아오는 태풍은 풍속이 굉장히 빠른 강풍에 속해요.

이상 기후

異(다를 이) 常(항상 상) 氣(기운 기) 候(기후 후)

최근 지구에는 정상적이지 않은 기후가 자주 나타나요. 기온이 너무 높거나 너무 낮은 경우도 있고 비나 눈이 갑자기 많이 오거나 아예 오지 않기도 하지요. 이렇게 평소(항상 상, 常)와 다른(다를 이, 異) 기후를 **이상 기후**라고 해요. 이상 기후가 나타나면 농사를 망치거나 사람들이 다치는 등 큰 문제가 생겨요. 특히 최근에는 지구가 따뜻해지는 '지구 온난화'로 여러 문제가 생기고 있어요.

지구 온난화로 생긴 문제들

① 가뭄과 홍수 등 기상 이변이 자주 생겨요.

② 빙하가 녹아 극지방에 사는 생물들이 살기 어려워요.

③ 빙하가 녹아 불어난 물로 섬들이 잠기고 있어요.

1 날씨 기사를 읽고, (　　　)에 알맞은 낱말을 찾아 번호로 써 주세요.

폭설, (　　　) 측정 못해

현재 한라산에 내린 폭설은 얼마나 왔는지 그 양을 측정조차 못하고 있다. ……

강원도 (　　　) 주의보 발표

…… 기상청 관계자는 운전자들에게 많은 눈에 대비할 것을 당부했다. ……

(　　　)에 간판이 떨어져

오늘 오전, 태풍에 맞먹는 강한 바람이 불어 시민들이 많은 피해를 입었다. ……

올여름 (　　　) 적을 듯

올해는 장마 기간에 내린 비의 양이 평년의 30%인 ……

(　　　) 갈수록 심해져

최근 들어 지구의 기온이 크게 오르고 있다. ……

심한 (　　　)에 감기 환자 늘어

낮과 밤의 온도 차이가 커서 최근 병원에 감기 환자가 늘고 있다. ……

① 적설량　② 강풍　③ 강수량　④ 대설　⑤ 지구 온난화　⑥ 일교차

2 그림들과 관련이 있는 낱말을 골라 ○ 하세요.

일기 예보　　　이상 기후

날씨와 기후는 비슷한말 같지만 좀 달라요. 날씨는 하루의 상태를 말하지만, 기후는 오랜 기간에 걸친 날씨를 말하거든요. 영어로 좀 더 자세히 알아볼까요?

weather

weather는 '하루하루의 날씨'를 뜻해요. 일기 예보를 할 때 꼭 날씨 지도를 보면서 하지요? 이 '날씨 지도'는 영어로 weather map이라고 해요. 그리고 '일기 예보'는 weather forecast 또는 weather report 라고 해요.

3주 4일 학습 끝!
붙임 딱지 붙여요.

climate

climate은 '기후'를 뜻해요. 세계 기후를 구분할 때, 사막 같은 '건조 기후'는 arid climate, 아마존 같은 '열대 기후'는 tropical climate, 북극 같은 '한대 기후'는 polar climate이라고 하지요. 그리고 우리나라가 속한 '온대 기후'는 temperate climate이라고 한답니다.

arid climate

tropical climate

polar climate

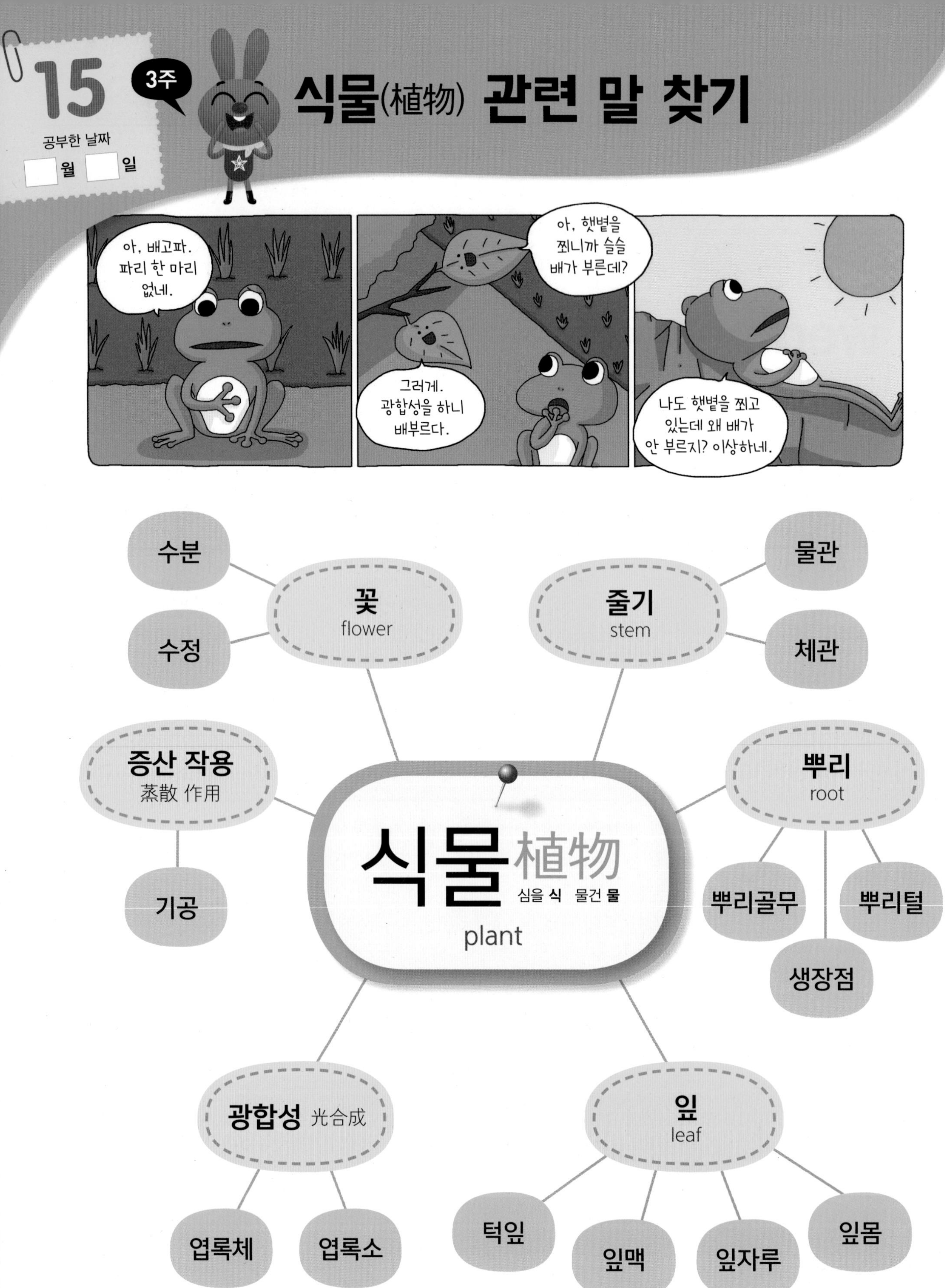
15
3주
식물(植物) 관련 말 찾기
공부한 날짜
월 일
아, 배고파. 파리 한 마리 없네.
아, 햇볕을 쬐니까 슬슬 배가 부른데?
그러게. 광합성을 하니 배부르다.
나도 햇볕을 쬐고 있는데 왜 배가 안 부르지? 이상하네.
식물 植物
심을 식 물건 물
plant
꽃
flower
수분
수정
줄기
stem
물관
체관
증산 작용
蒸散 作用
기공
뿌리
root
뿌리골무
뿌리털
생장점
광합성 光合成
엽록체
엽록소
잎
leaf
턱잎
잎맥
잎자루
잎몸

1 식물의 모습이에요. 각 부분에 대한 설명을 읽고, (　　)에서 알맞은 낱말을 골라 ○ 하세요.

꽃에는 암술과 수술이 있어요.

줄기에는 물이 지나는 관인 (**물관** / **연관**)과 양분이 지나는 체관이 있어요.

잎에는 잎의 몸인 (**잎몸** / **입몸**)과 잎자루, 잎맥, 턱잎 등이 있어요.

뿌리에는 식물이 잘 자라게 하는 (**생장점** / **반점**)이 있어요.

2 덩굴을 따라가면 식물과 관련 있는 낱말을 만들 수 있어요. 그것을 알맞은 낱말 뜻이 적힌 팻말과 이어 주세요.

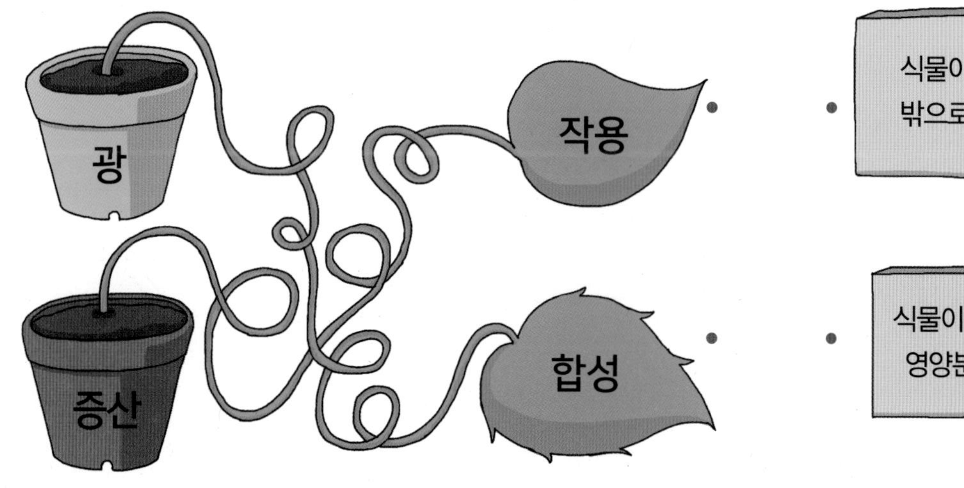

식물이 잎에서 물을 밖으로 내보내는 일

식물이 햇빛을 이용해 영양분을 만드는 일

교과서 말 살피기

식물은 땅에 심긴(심을 식, 植) 생명체예요. 먹이를 구하러 돌아다니지 못하지요. 그런데 어떻게 자랄 수 있을까요? 그 비밀은 식물을 이루고 있는 뿌리, 줄기, 잎, 그리고 꽃과 열매에 있어요. 관련 낱말들을 통해 식물의 비밀을 알아볼까요?

꽃

식물은 자손을 낳으려고 꽃을 피워요. **꽃**에서 씨앗을 맺고, 꽃이 떨어지면 열매가 생기지요. 꽃은 대부분 가운데에 암술 한 개가 있고, 그 주위에 수술이 있어요. 수술에 있던 꽃가루(가루 분, 粉)가 암술머리에 붙는(받을 수, 受) 것을 '수분', 또는 '꽃가루받이'라고 해요. 수분으로 꽃가루가 암술과 합쳐지는 것은 '수정'이라고 해요.

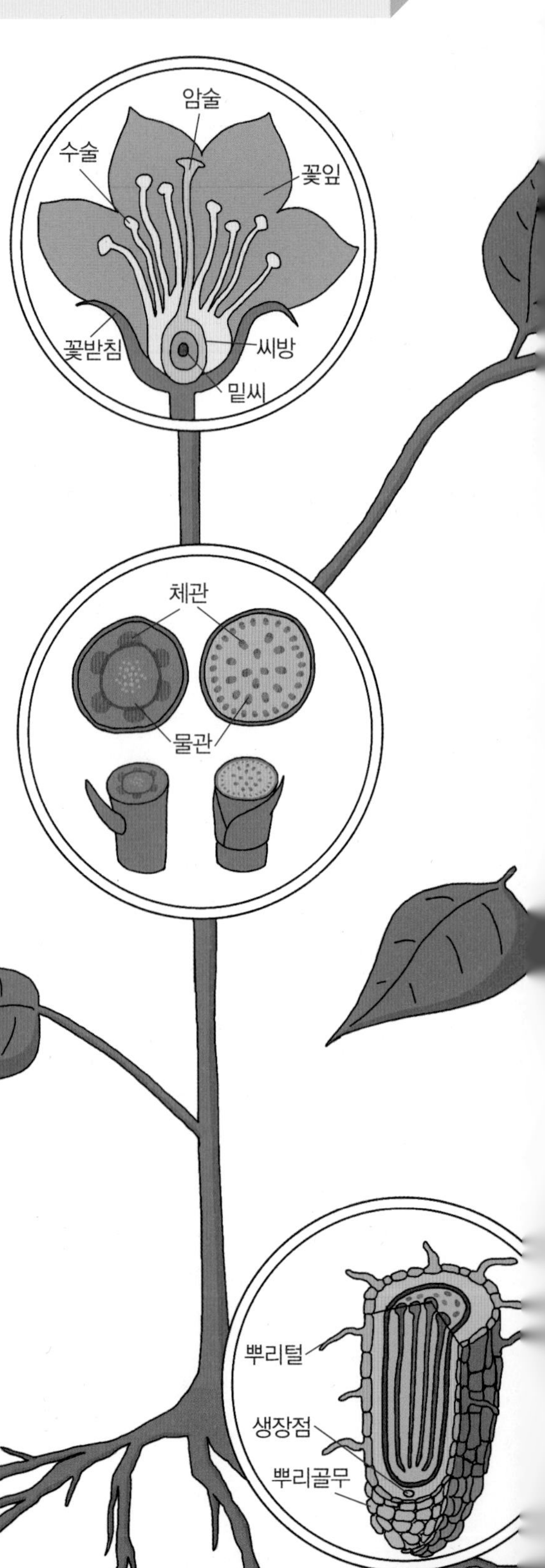

줄기

줄기는 식물이 서 있게 도와주는 곳이자, 물과 양분이 지나는 빨대 같은 통로(대롱 관, 管)를 지녀요. 물이 지나는 관은 '물관', 양분이 지나는 관은 '체관'이라고 해요. 체관은 가루를 거르는 '체'와 닮았어요.

뿌리

뿌리는 식물을 지탱해 주고 땅속에 있는 물과 영양분을 빨아들이는 곳이에요. 뿌리에는 가느다란 '뿌리털'이 수없이 나 있고, 뿌리 끝에는 '생장점'이 있어 새로운 세포를 만들어 쑥쑥 자라게 해요. '뿌리골무'는 바느질에 쓰는 모자 모양의 도구인 '골무'와 닮았는데, 생장점을 둘러싸고 보호해 줘요.

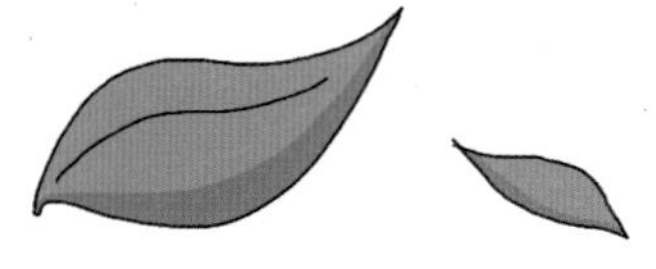

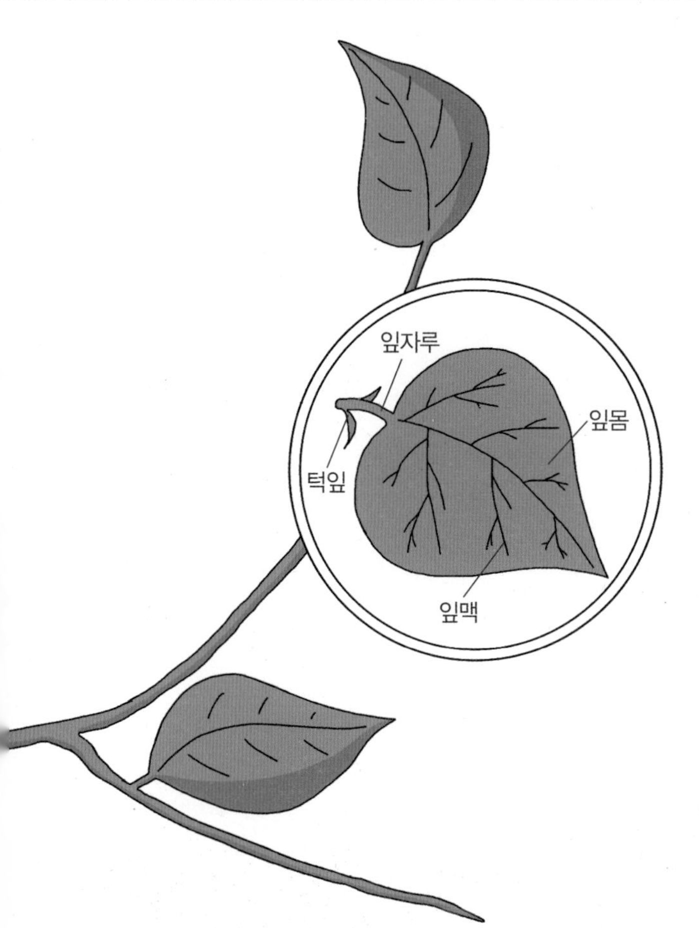

잎

잎은 식물이 숨을 쉬고 양분을 만드는 곳이에요. 잎은 잎몸과 잎자루, 잎맥, 턱잎으로 이루어져 있어요. '잎몸'은 잎사귀의 가장 넓은 부분이고, '잎자루'는 잎몸과 줄기를 연결하는 곳이에요. 잎에서 볼록하게 나온 부분은 '잎맥'이고, 잎 아래에 두 손으로 턱을 괸 것처럼 난 작은 잎은 '턱잎'이에요.

광합성

光(빛 광) 合(합할 합) 成 (이룰 성)

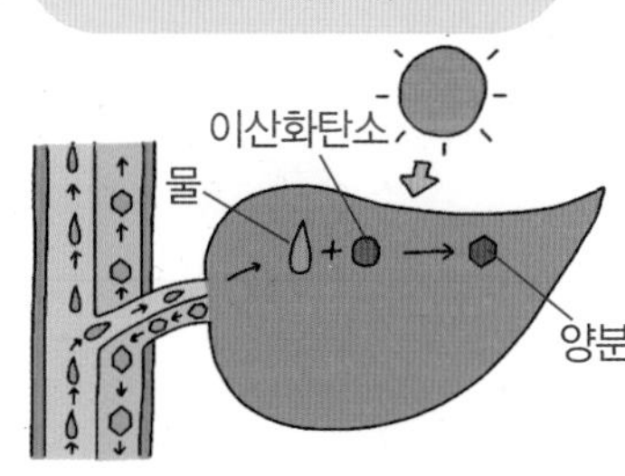

왜 식물의 잎은 대부분 초록색일까요? 그 이유는 잎(잎 엽, 葉)에 '엽록소'라는 초록색(푸를 록/녹, 綠) 색소가 들어 있기 때문이에요. 엽록소는 '엽록체'라는 알갱이에 들어 있어요. 엽록소가 햇빛을 받으면 이산화탄소와 물이 영양분을 만드는 일이 일어나요. 이렇게 빛(빛 광, 光)을 받아 새로운 것을 만드는 과정을 **광합성**이라고 해요.

증산 작용

蒸(찔 증) 散(흩어질 산) 作(지을 작) 用(쓸 용)

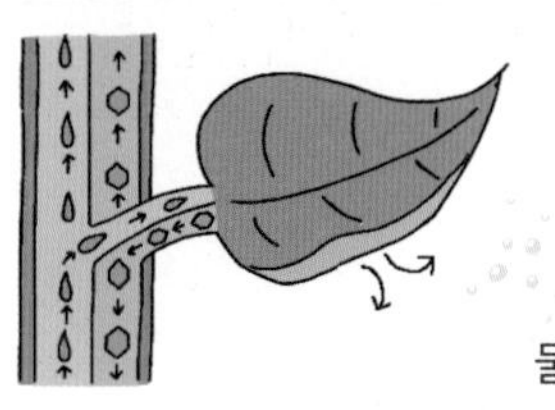

뿌리에서 빨아들인 물은 식물 안에서 여러 일을 한 뒤 수증기가(찔 증, 蒸) 되어 잎을 통해 밖으로 날아가요(흩어질 산, 散). 이것을 **증산 작용**이라고 해요. 물은 잎에 있는 '기공'이라는 공기(기운 기, 氣) 구멍(구멍 공, 孔)으로 빠져나가요. 증산 작용을 통해 물을 내보내면 식물의 몸속 온도가 알맞게 맞춰지고, 뿌리가 새로운 물을 더 잘 빨아들일 수 있어요.

1 다음은 식물의 각 부분과 관련이 있는 낱말들이에요. 낱말의 뜻을 바르게 말한 친구에게 ○ 하세요.

꽃
잎: 잎몸, 잎자루, 잎맥, 턱잎
줄기: 물관, 체관
뿌리: 뿌리털, 생장점, 뿌리골무

'잎맥'은 두 손으로 턱을 괸 것처럼, 잎을 받치고 있는 작은 잎이야.

줄기에서 물이 지나는 통로는 '체관'이야.

'생장점'은 세포를 만들어 자라게 하는 곳이야.

2 ( ) 안의 뜻풀이를 참고하여 그 대신 들어갈 낱말을 골라 보세요. ( )

> 잎에 비닐봉지를 씌운 지 하루가 지났다. 비닐봉지 안을 보니 작은 물방울들이 맺혀 있었다. 아마도 (**식물의 잎에 있는 공기 구멍**) 에서 물이 증발해 맺힌 거겠지? 이게 바로 '증산 작용'인가 보다.

① 광합성 ② 엽록소 ③ 엽록체 ④ 기공

우리 주변에는 식물을 가꾸고 연구하며 사는 사람들이 많아요.
식물과 관련이 있는 직업을 영어로 알아볼까요?

florist

florist는 '꽃집의 주인'이에요. '꽃집'은 florist shop이라고 하지요. 우리나라에서 플로리스트는 꽃과 풀을 여러 목적에 따라 보기 좋게 꾸미는 사람을 뜻해요.

gardener

gardener는 '정원사'예요. garden은 '정원'이라는 뜻인데, 여기에 사람을 뜻하는 '-er'을 붙여서 정원의 화단이나 풀과 나무 등을 가꾸는 정원사가 되었어요.

3주 5일
학습 끝!
붙임 딱지 붙여요.

botanist

botanist는 '식물학자'예요. 식물학자는 어떻게 하면 식물이 사람에게 더 좋은 먹거리나 약품이 되는지 연구하는 사람이지요. 또한 식물 자체에 대해서도 연구하지요.

QR 찍고 발음 듣기

하늘은 높고 말은 살찌고 '천고마비'

천고마비(하늘 천 天, 높을 고 高, 말 마 馬, 살찔 비 肥):
하늘이 높고 푸르며 온갖 곡식과 과일이 나는 가을철을 가리켜요.

'천고마비'는 당나라 시인 두심언이 지은
시의 '추고새마비'라는 구절에서 나왔어.

이제 먹어도 되지?
이건 먹어도 살 안 찌거든~.
찡긋

contents

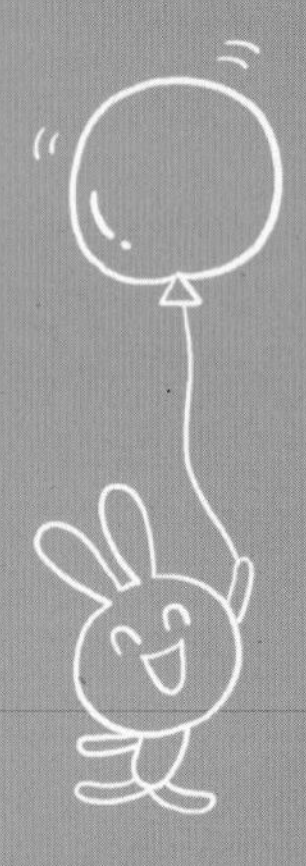

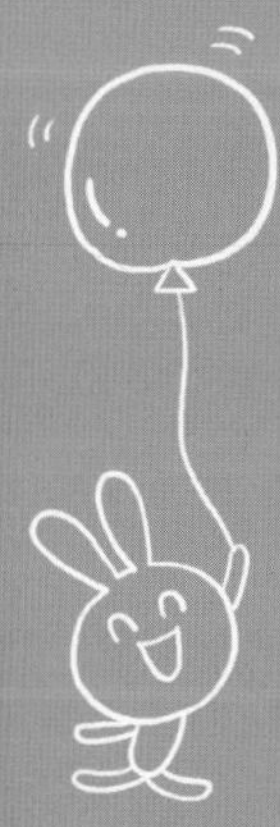

PART 3

PART3에서는 소리나 뜻이 비슷해서
헷갈리기 쉬운 낱말들을 비교하며 배워요.

16 4주

전(全)과 전(前) 비교하기

공부한 날짜 월 일

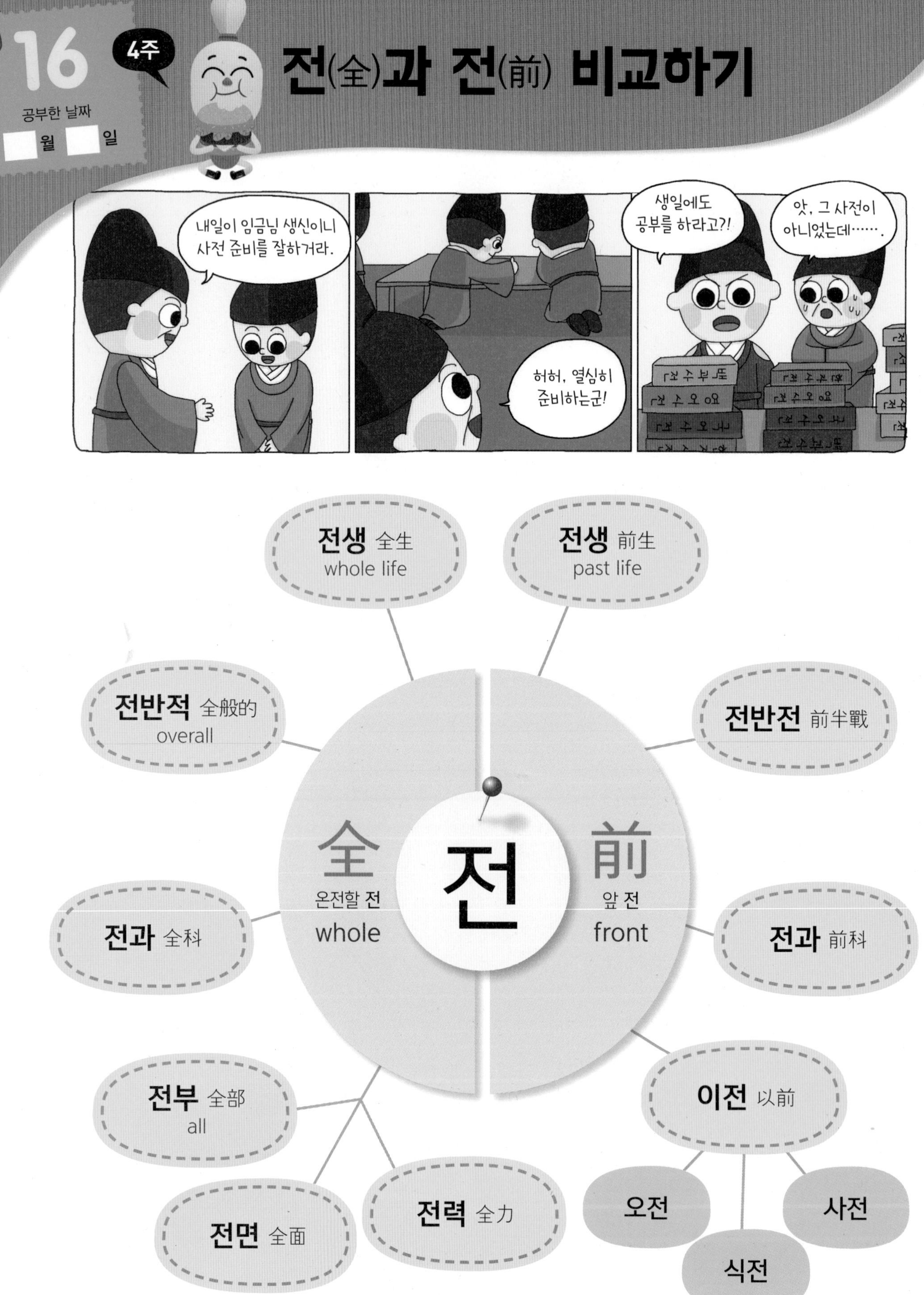

1 밑줄 친 낱말에 '모두'라는 뜻이 있으면 신호등을 파랗게 칠하고, '앞'이라는 뜻이 있으면 신호등을 빨갛게 칠해 주세요.

예 숙제하기 전에 전과를 살펴봤어.

이번 사건의 범인은 이미 전과가 있대.

전반전에 한 골을 넣었어.

등장인물들이 전반적으로 귀여워.

베토벤은 전생을 음악에 바쳤어.

너는 전생이 있다고 믿니?

이 과자들 전부 내가 먹을 거야.

이 약은 식전에 먹어야 해.

전생 vs 전생

全(온전할 전) 生(날 생) 前(앞 전)

똑같이 '전생'이라고 소리 나지만, '온전할 전(全)' 자를 넣은 **전생**은 한 사람이 태어나서 죽을 때까지의 한평생을 뜻하고, '앞 전(前)' 자를 넣은 **전생**은 세상에 태어나기 전의 삶을 뜻해요. 전생이 있는지는 알 수 없지만, 사람들은 '전생에 나라를 구했나 봐.'처럼 종종 전생에 대해 이야기하곤 해요.

전반적 vs 전반전

全(온전할 전) 般(일반/돌 반) 的(과녁 적) 前(앞 전) 半(절반 반) 戰(싸움 전)

'온전할 전(全)' 자를 넣은 **전반적**은 어떤 일에 관련된 전체를 가리켜요. '전반적으로 좋아.'라고 하면 대부분 좋다는 뜻이에요. 반면 '앞 전(前)' 자가 들어간 **전반전**은 경기 시간을 둘로 나눴을 때, 앞의 절반을 뜻해요. 뒤의 절반은 '뒤 후(後)' 자를 붙여 '후반전'이라고 해요.

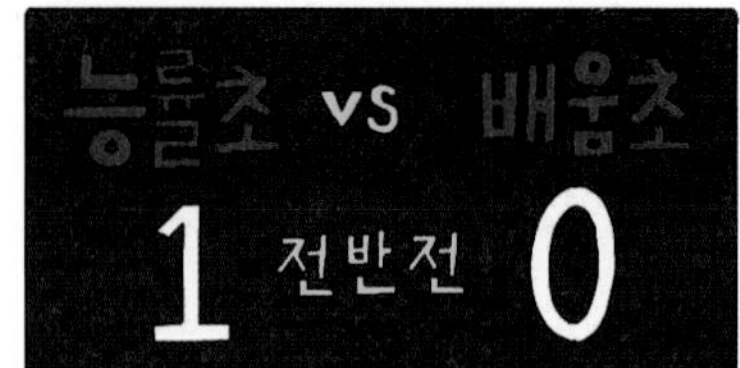

전과 vs 전과

全(온전할 전) 科(과목 과) 前(앞 전)

'온전할 전(全)'이 쓰인 **전과**는 국어, 수학처럼 학교에서 배우는 모든 과목이나, 전 과목 공부를 도와주는 참고서예요. 반면 '앞 전(前)' 자를 쓴 **전과**는 이전에 죄를 지어 벌을 받은 것을 뜻해요. 이때 '과목 과(科)' 자는 '죄, 형벌'이라는 뜻으로 쓰여요.

전부/전면

全(온전할 전) 部(거느릴 부) 面(낯 면)

전부는 부분을 합친 전체를 뜻해요. '전부 모여라!'라고 하면 '모두 모여라!'라는 뜻이지요. 또한 **전면**은 모든 면, 모든 부분을 뜻하고, '전력'은 모든 힘, 온 힘(힘 력/역, 力)을 뜻해요.

이전

以(써 이) 前(앞 전)

이전은 지금보다 앞선(앞 전, 前) 때를 뜻해요. '3시 이전에 집에 갈 거야.'라고 하면, 3시보다 일찍 집에 간다는 뜻이에요. 낮 12시인 정오보다 이전 시간은 '오전'이라고 하고, 밥 먹기(먹을 식, 食) 이전은 '식전', 어떤 일(일 사, 事) 이전은 '사전'이라고 해요.

식물의 한살이

사람은 태어나고 자라서, 또 다른 생명을 낳아 키우다가 죽어요. 사람의 전 생애에는 일정한 흐름이 있지요. 이처럼 식물도 싹을 틔우고 꽃을 피우고 열매를 맺고 죽는 일정한 흐름을 가지고 있어요. 이러한 흐름을 '식물의 한살이'라고 해요. '한살이'는 전생이나 한평생과 비슷한말이지요. 그럼 강낭콩을 통해 식물의 한살이를 알아볼까요?

〈강낭콩의 한살이〉

① 씨앗을 얻어요
곡식이나 채소의 씨를 '씨앗', 혹은 '종자'라고 해요. 보통 열매 속에 들어 있어요.

② 싹이 터요
씨앗을 심고 물을 주면 곧 싹이 터요. 처음에는 떡잎이 2장 나와요.

③ 본잎이 나요
본잎은 떡잎이 나온 뒤에 나와요. 본잎이 나오면 처음 나온 떡잎은 져요.

④ 잎과 줄기가 자라요
잎과 줄기가 굵고 크게 자라요. 이때에는 적당한 물과 양분, 충분한 햇빛이 필요해요.

⑤ 꽃이 피었다 져요
7~8월에 자주색, 붉은색, 흰색 등 예쁜 꽃이 펴요. 꽃이 지면, 그 자리에 콩을 감싼 꼬투리가 맺혀요.

⑥ 꼬투리가 터져요
꼬투리가 익어서 터지면 강낭콩 씨앗이 멀리 퍼져 나가요.

'강낭콩'은 어떻게 생겨난 말일까요? 강낭콩은 원래 '강남콩'으로 불렸어요. 중국의 '강남'에서 온 콩이라는 뜻이었지요. 그런데 오랜 기간 이어져 내려오면서 좀 더 발음하기 쉬운 '강낭콩'으로 바뀌었어요.

속뜻 짐작 능력 테스트

1 밑줄 친 낱말과 관련이 있는 뜻을 선으로 연결해 주세요.

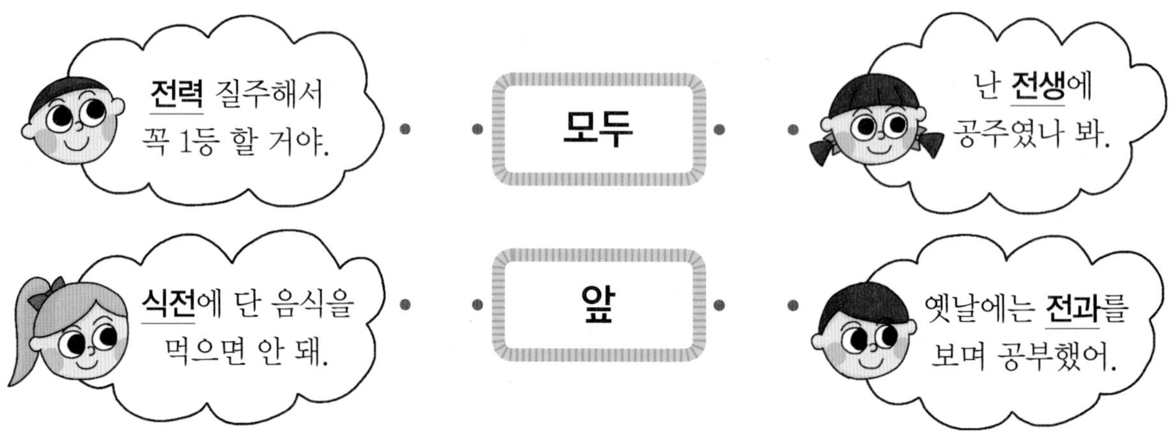

2 빈칸에 들어갈 알맞은 낱말을 오른쪽 낱말 카드에서 골라 색칠하세요.

3 속뜻 짐작 아이가 씨앗에 물을 주려고 물뿌리개를 찾고 있어요. 밑줄 친 낱말에 '앞'이라는 뜻이 있는 칸만 따라가면 물뿌리개를 찾을 수 있어요.

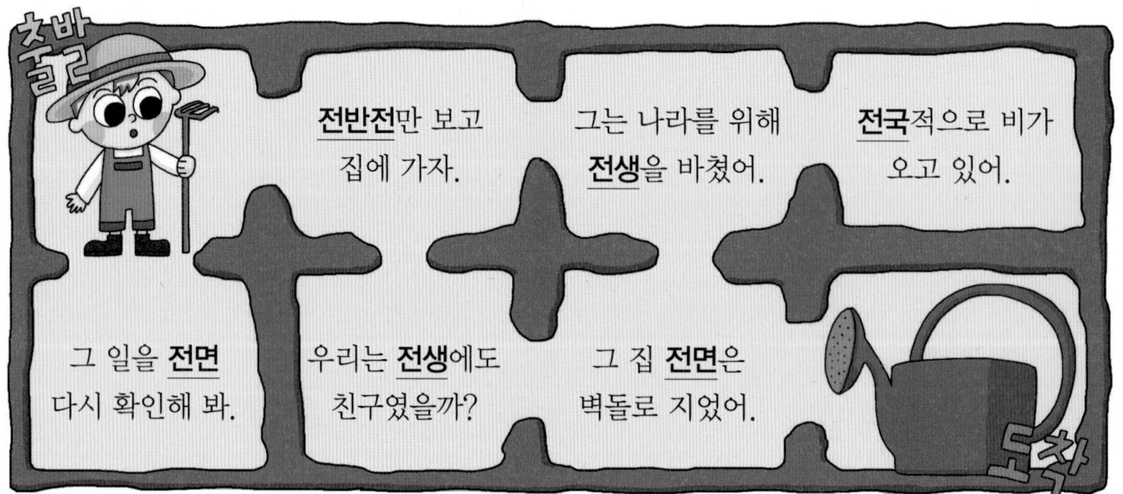

**뉴스를 보면 '님비 현상'이나 '핌피 현상'이라는 말을 들을 때가 있어요.
이 말들이 무슨 뜻일지 알아볼까요?**

님비 현상

우리가 살아가려면 쓰레기를 처리하는 곳 등이 꼭 필요해요. 하지만 이러한 시설은 냄새가 나고 더러워서 사람들이 가까이 두기를 꺼리지요. 이처럼 필요한 시설이지만 내 지역에 세우는 걸 반대하는 행동을 '님비 현상'이라고 해요. 님비(NIMBY)는 '내 뒷마당에서는 안 돼.'라는 뜻의 'Not in my backyard.'를 줄인 말이에요.

4주 1일 학습 끝!
붙임 딱지 붙여요.

핌피 현상

도서관, 병원, 지하철역 등 사람들을 편리하게 해 주는 시설은 모두 가까이 두고 싶어 해요. 이런 시설을 자신들 지역에 세우려고 애쓰는 것을 '핌피 현상'이라고 해요. 핌피(PIMFY)는 '우리 집 앞마당으로 부탁해.'라는 뜻의 'Please in my front yard.'를 줄인 말이에요.

17

공부한 날짜 월 일

4주

기(記)와 기(氣) 비교하기

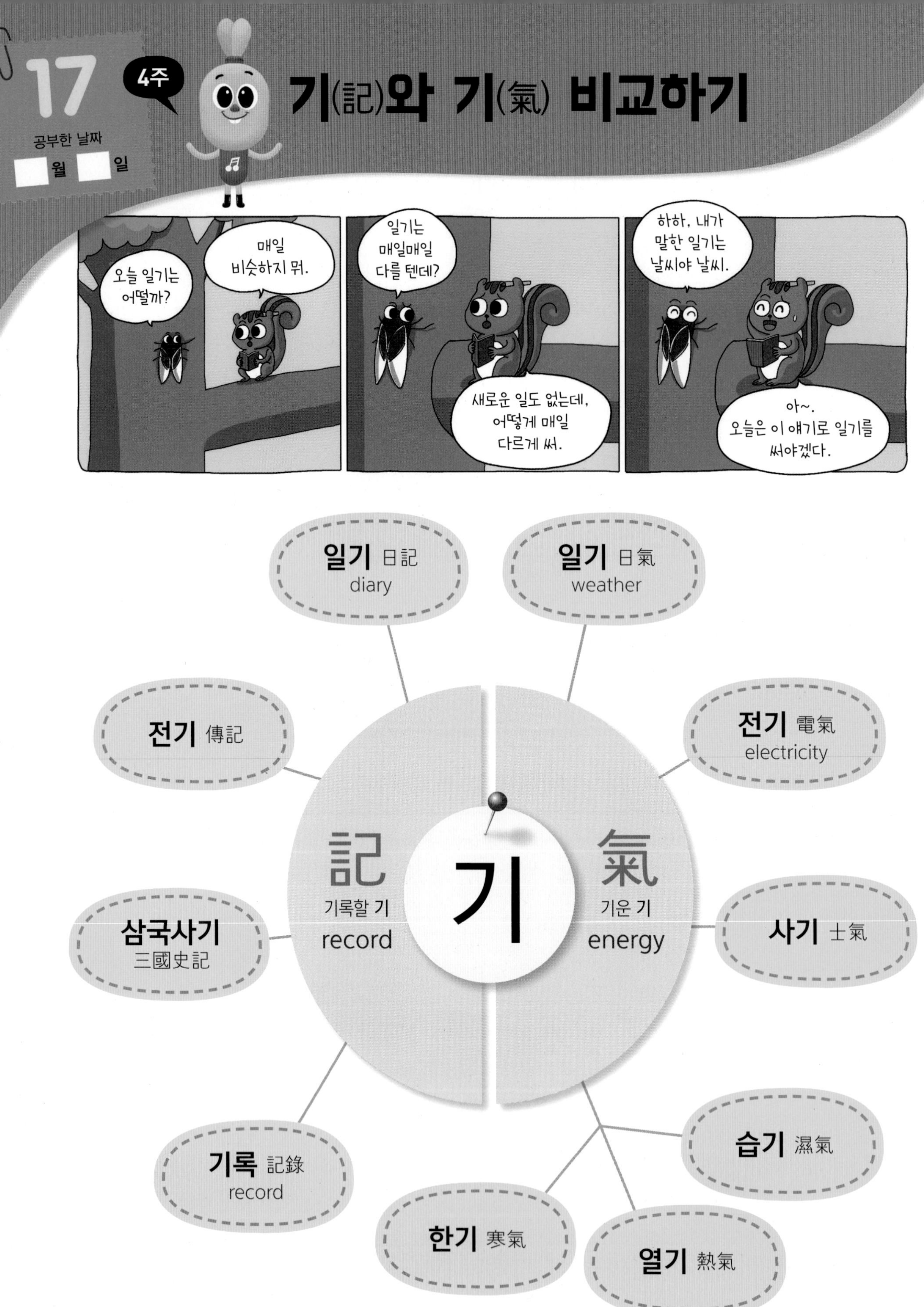

1 소리는 같지만 뜻이 다른 낱말들이 있어요. 다음 낱말과 그림을 보고 어울리는 뜻풀이를 선으로 이어 보세요.

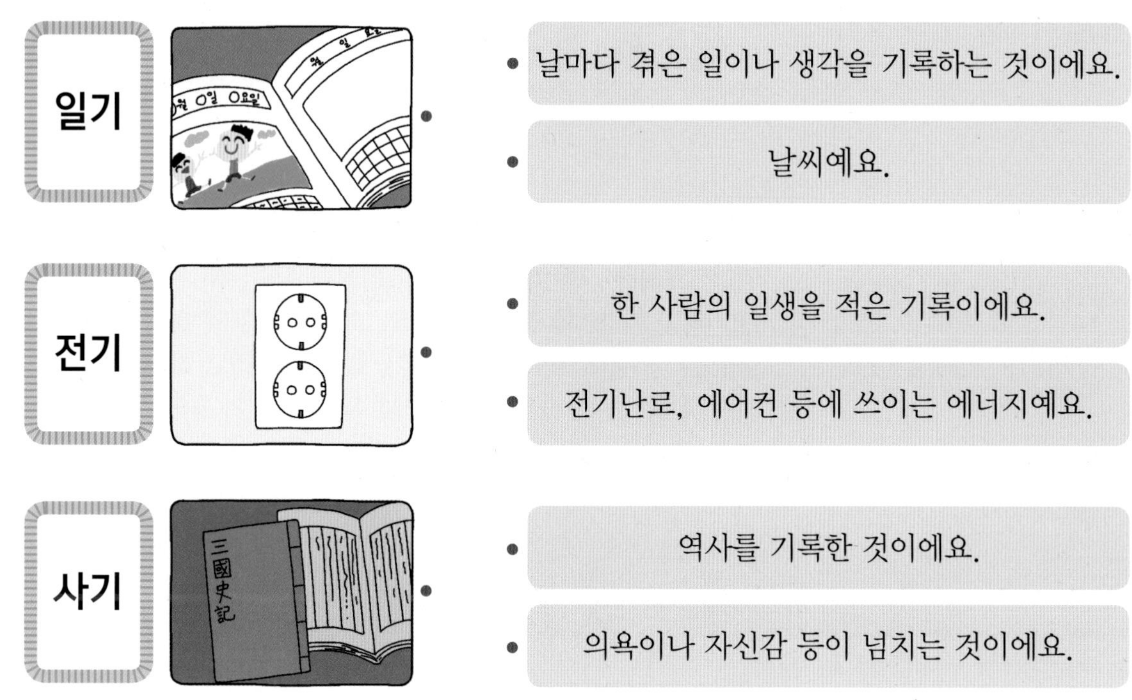

2 뜻풀이에 맞는 낱말을 찾아 색연필과 같은 색으로 칠해 보세요.

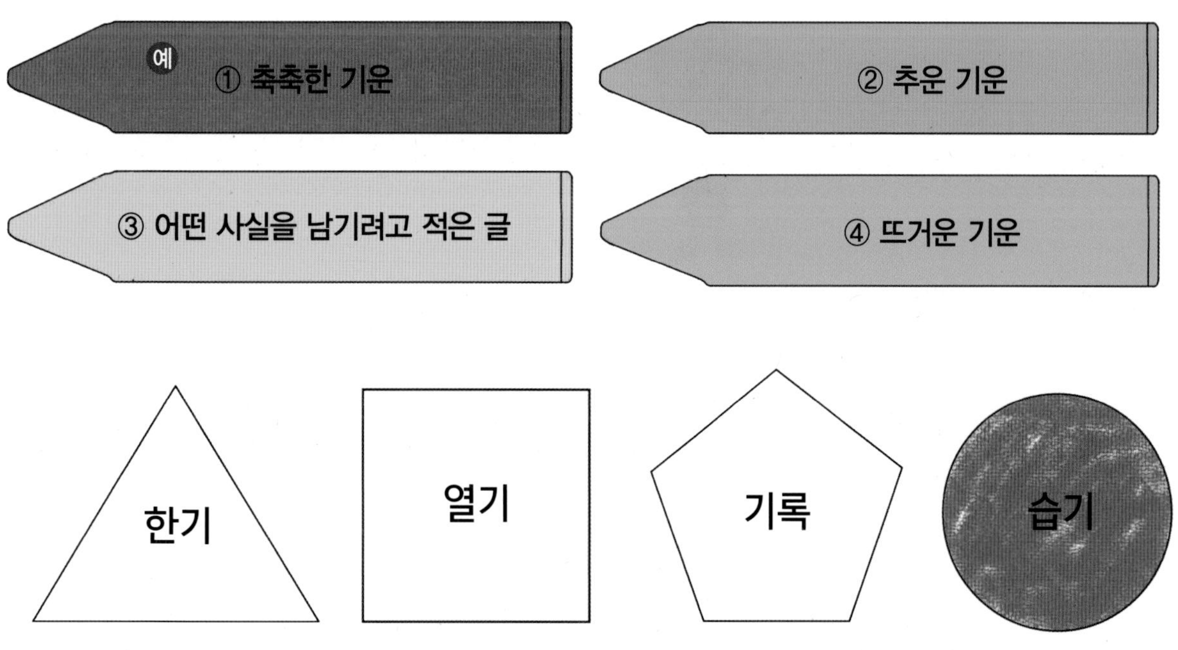

일기 vs 일기

日(날 일) 記(기록할 기) 氣(기운 기)

날마다 그날그날(날 일, 日) 겪은 일과 생각 등을 쓴(기록할 기, 記) 글을 **일기**라고 해요. 일기 중에는 조선의 이순신이 쓴 〈난중일기〉처럼 역사적으로 가치가 높은 것들도 있지요. 소리가 같은 일기 중에는 날씨(기운 기, 氣)를 뜻하는 **일기**도 있어요. 그래서 날씨를 미리 알려 주는 일을 '일기 예보'라고 해요.

전기 vs 전기

傳(전할 전) 記(기록할 기)
電(번개 전) 氣(기운 기)

위인전처럼 한 사람이 일생 동안 어떻게 살았는지 전하는(전할 전, 傳) 글(기록할 기, 記)을 **전기**라고 해요. 그리고 텔레비전이나 에어컨, 냉장고 등을 쓸 때 필요한 에너지(기운 기, 氣)도 **전기**라고 하지요. 전기로 작동되는 것들에는 '전기장판', '전기밥솥'처럼 '전기'가 들어갈 때가 많아요.

삼국사기 vs 사기

三(석 삼) 國(나라 국) 史(역사 사)
記(기록할 기) 士(선비 사) 氣(기운 기)

'사기'는 역사(역사 사, 史)를 기록(기록할 기, 記)한 책이에요. 고려 사람 김부식이 쓴 **삼국사기**는 고구려, 백제, 신라 삼국의 역사를 쓴 책이지요. 반면 '사기가 높다.'라고 말할 때의 **사기**는 의욕이나 자신감이 가득 찬 거예요. 굽힐 줄 모르는 기운이 꼿꼿한 선비나 병사와 닮아 '선비 사(士)' 자를 붙여요.

기록

記(기록할 기) 錄(기록할 록)

기록은 무언가를 나중에 볼 수 있도록 적는 일이에요. 학생의 학교생활에 대해 기록한 것은 '생활 기록부'라고 하고, 책을 읽은 뒤 느낌을 적는 공책은 '독서 기록장'이라고 해요.

습기/열기

濕(젖을 습) 氣(기운 기)
熱(더울 열)

습기, 열기, 한기는 모두 '기운 기(氣)' 자가 들어가서 어떤 기운이 있는 것을 나타내요. **습기**는 물기 때문에 축축한 상태나 기운을 뜻하고, **열기**는 뜨거운 기운을 말해요. 열기의 상대어인 '한기'는 찬(찰 한, 寒) 기운을 뜻해요.

고마운 전기, 무서운 전기

전기는 우리 생활과 떼려야 뗄 수 없는 에너지예요. 전기밥솥과 텔레비전, 휴대 전화, 컴퓨터 등 우리가 자주 쓰는 물건들은 대부분 전기로 움직이지요. 그런데 전기는 잘못 이용하면 아주 무서운 일이 벌어져요. 감전되거나 불이 날 수 있거든요. '감전'은 전기가 몸에 충격을 주는 것이지요. 고맙기도 하고 무섭기도 한 전기, 어떻게 써야 안전할까요?

고마운 전기	이렇게 하면……?		무서운 전기
① 어둠을 밝혀 줘요.	젖은 손으로 만지지 않아요.	젖은 손으로 만져요.	① 감전될 위험이 있어요.
② 생활을 편리하게 해 줘요.	몸통을 잡고 당겨요.	선을 잡고 당겨요.	
③ 즐거움을 줘요.	콘센트 한 개에 여러 제품을 연결하지 않아요.	콘센트 한 개에 여러 제품을 연결해요.	② 불이 날 위험이 있어요.
	껍질이 벗겨진 전선은 쓰지 않아요.	껍질이 벗겨진 전선을 써요.	

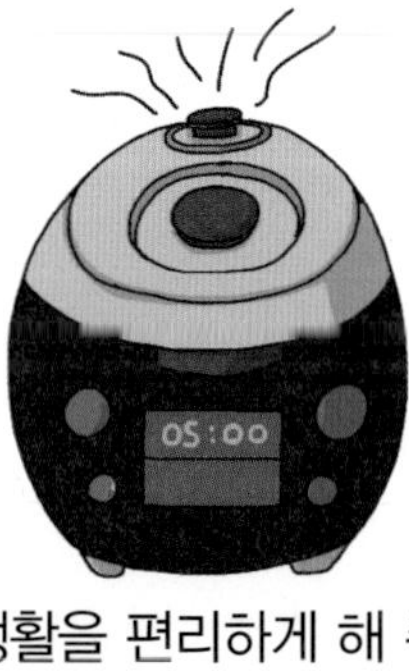

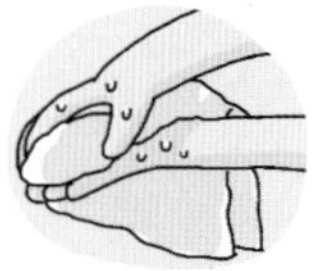

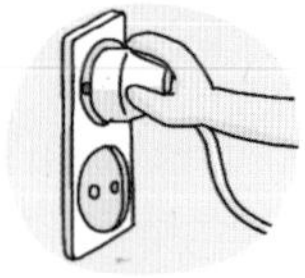

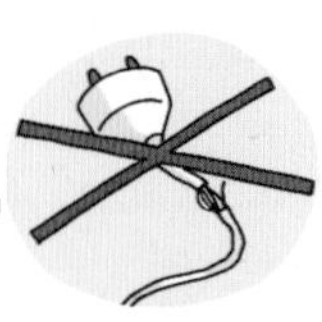

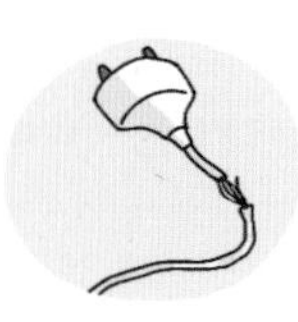

1 밑줄 친 낱말들을 '기록'과 관련이 있는 낱말끼리 선으로 연결하고, '기운'과 관련이 있는 낱말끼리 선으로 연결해 보세요.

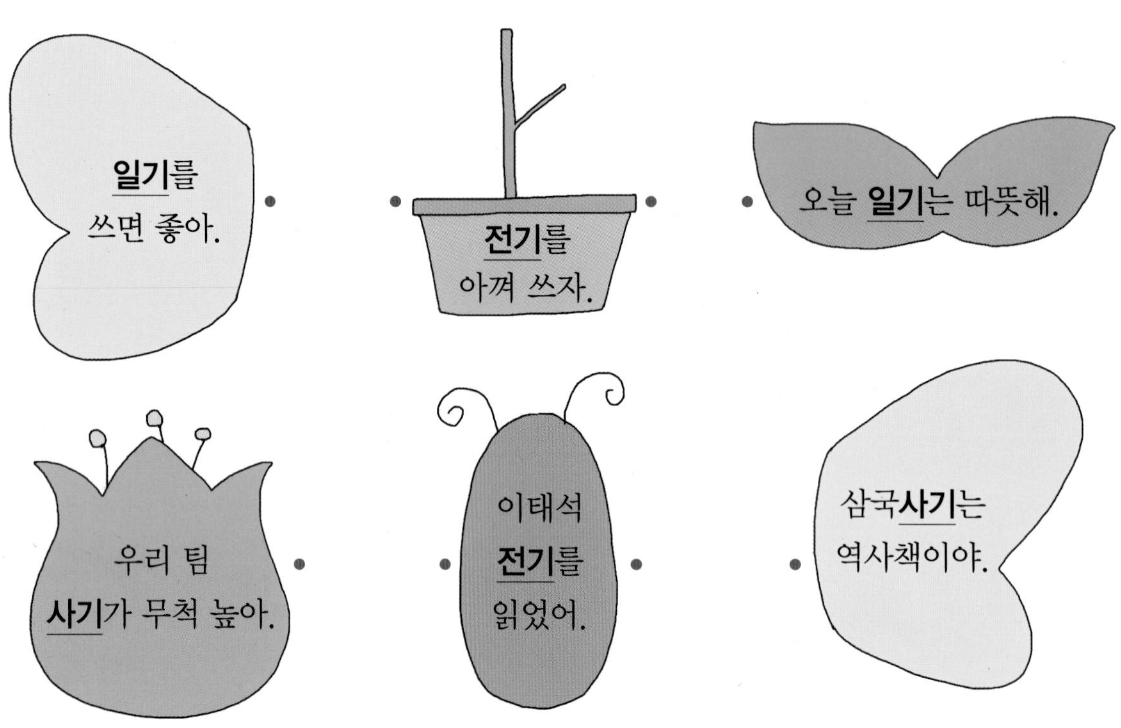

2 속뜻 짐작 (　　)에 적힌 뜻풀이를 참고해서, 그 대신 들어갈 낱말을 보기에서 찾아 빈칸에 써 주세요.

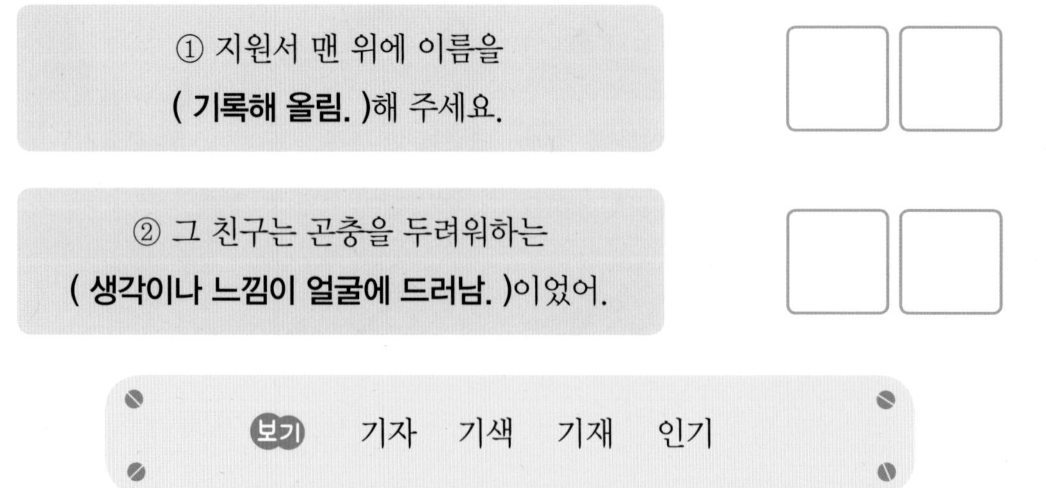

일기는 그날그날의 눈, 비, 바람, 기온 등을 말해요.
눈, 비, 바람, 기온과 관련 있는 우리 고유어를 알아볼까요?

눈과 관련된 고유어

가랑눈 조금씩 잘게 내리는 눈
가루눈 가루처럼 내리는 눈
싸라기눈 빗방울이 갑자기 찬바람을 만나서 얼어 버린, 쌀알 같은 눈

VS

눈갈기 말갈기처럼 휘몰아치는 눈
소나기눈 세차게 내리다가 금방 그치는 눈
눈보라 바람에 날려서 휘몰아치는 눈

4주 2일 학습 끝!
붙임 딱지 붙여요.

비와 관련된 고유어

가랑비 가느다랗게 내리는 비
먼지잼 먼지가 날리지 않을 정도로 오는 비
안개비 너무 가늘어 안개처럼 보이는 비
여우비 해가 비치는 날, 잠깐 내리다 그치는 비
이슬비 아주 가느다랗게 내리는 비

VS

비보라 세찬 바람에 휘몰아치는 비
억수 물을 퍼붓듯이 내리는 비
장대비 장대처럼 거세게 내리는 비

18 4주

헷갈리는 말 살피기

공부한 날짜 월 일

~째

열매를 따려다가 뿌리**째** 뽑고 말았어.
며칠**째** 비가 내리고 있어.

~째로 소리 나는 말에는 '전부'를 뜻하는 말과 '차례'나 '동안'을 뜻하는 말이 있어요. '뿌리째 뽑다.', '껍질째 먹다.'는 전부를 뜻하고, '두 그릇째', '며칠째'는 차례나 얼마 동안을 뜻해요.

~ 채

가방을 멘 **채** 달렸어.
불을 켠 **채** 잠들었어.

~ 채는 '불을 켠 채 잠들었어.'처럼 원래 상태 그대로 있는 것을 뜻해요. 또 '집에 채 도착하기도 전에'처럼 어떤 상태가 미처 안 된 것을 나타내기도 해요.

~ 체

누나가 잘난 **체**하고 있어.
친구의 실수를 모르는 **체**했어.

~ 체는 그럴 듯하게 꾸미는 모습을 가리켜요. '잘난 체한다.', '모른 체한다.'처럼 말하지요. 비슷한말로 '척'이 있는데, '잘난 척한다.'처럼 쓸 수 있어요.

1 밑줄 친 낱말 중에서 틀린 것 두 개를 찾아 X 하세요.

2 바른 문장이 되도록 알맞은 글자를 골라 색칠해 보세요.

① 지금, 내 말을 못 들은 [짜] [채] [체] 하는 거야?

② 얼마나 맛있던지 그릇 [째] [채] [체] 먹고 싶었어.

③ 그 사냥꾼은 호랑이를 산 [째] [채] [체] 로 잡을 만큼 힘이 세.

④ 모르는 걸 아는 [째] [채] [체] 하면 새로운 것을 배우기 힘들어.

⑤ 수박을 씨 [째] [채] [체] 먹었어.

⑥ 먹을 것을 입에 넣은 [째] [채] [체] 말하면 안 돼.

웬일

웬일로 왔어?
웬일인지 동생이 보이지 않아.

'웬일'과 '왠지'는 '웬'으로 써야 하는지 '왠'으로 써야 하는지 헷갈리는 낱말이에요. 우선 웬일은 뜻밖에 어떤 일이 생겼을 때, '어찌 된 일'이냐는 의미로 써요. '웬일로 왔어?' 하면 '네가 온 게 뜻밖이야. 그런데 어쩐 일로 왔어?'라고 묻는 거예요. '웬'은 종종 홀로 쓰기도 해요. '웬'은 '어찌 된, 어떠한'이라는 뜻의 표준어여서, '이게 웬 날벼락이야?', '웬 소란이냐!'처럼 써요.

왠지

왠지 바다가 보고 싶어.
너 오늘따라 왠지 예뻐 보인다.

왠지는 '왜 그런지 이유를 알 수 없이'라는 뜻이에요. 이유는 알 수 없지만 바다가 보고 싶을 때 '왠지 바다가 보고 싶어.'라고 말하거나, 상대방이 이유 없이 예뻐 보일 때 '왠지 예뻐 보여.'라고 써요. '왠'을 '웬'과 헷갈린 적이 있지요? 그럴 때는 왠지는 '왜인지'를 줄인 말이라는 걸 꼭 생각하세요. '웬일'과 '왠지', 아직도 헷갈리나요? 왠지 문제를 풀면 '웬걸, 이해가 잘돼.'라고 바뀔 것 같지 않나요?

1 고슴도치가 호랑이를 피해 도망가려고 해요. 낱말이 바르게 쓰인 바위를 골라 도망갈 길을 만들어 주세요.

2 빈칸에 들어갈 알맞은 낱말을 보기에서 골라 써 보세요.

① 철수가 ☐☐로 결석했지?

② 오늘따라 ☐☐ 기분이 좋아.

③ ☐☐ 몸이 가려운 것 같아.

④ 고기반찬이 이렇게 많다니, 이게 ☐☐(이)야?

보기 웬일 왠지

윗옷

윗옷과 아래옷이 잘 어울려.

윗옷은 셔츠를 입고, 아래옷은 면바지를 입었어.

윗옷은 아래옷과 상대되는 말로, 몸의 위쪽에 입는 옷이에요. 티셔츠나 블라우스, 남방셔츠처럼 윗몸에 입는 옷이 '윗옷'이지요. 이처럼 위와 아래가 명확하게 나뉘는 것은 '윗~' 또는 '아래~'로 구분해서 불러요. 예를 들어 입안의 위쪽 이를 가리킬 때에는 '윗니'라고 하고 아래쪽 이를 가리킬 때에는 '아랫니'라고 해요. 마찬가지로 위쪽에 입는 옷은 '윗옷' 또는 '윗도리', 아래쪽에 입는 옷은 '아래옷' 또는 '아랫도리'라고 해요.

웃옷

추워서 웃옷을 입었어.

웃옷으로 점퍼를 입으렴.

웃옷은 속옷과 상대되는 말로, 몸의 맨 겉에 입는 코트나 점퍼, 카디건 같은 옷을 말해요. 이처럼 위에 반대되는 아래가 없을 경우에는 '웃~'을 붙이지요. 나보다 나이가 많은 어른을 '웃어른'이라고 하는데, '윗어른'이 아닌 이유는 나보다 어린 아래 어른이 없기 때문이에요. 그리고 원래 가격보다 더 얹어 주는 돈을 '웃돈'이라고 하는데, 이것 역시 가격을 낮춰 주는 아래 돈이 없기 때문이에요.

1 그림을 보고, 빈칸에 알맞은 낱말을 보기에서 골라 써 주세요.

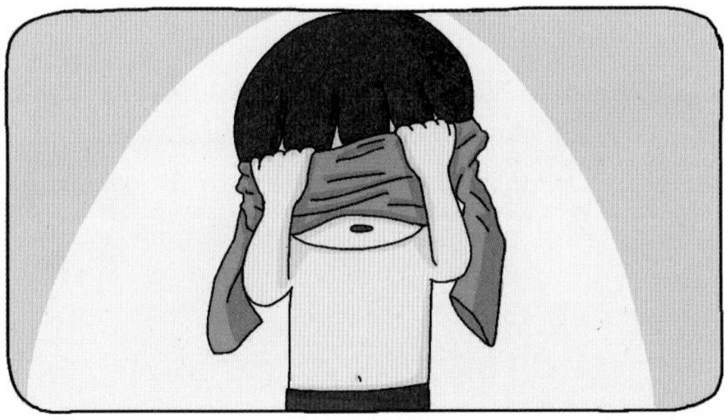

철수가 [ ][ ]을 입고 있어.

엄마가 [ ][ ]을 입으셨어.

추울 때 입을 [ ][ ]을 골라.

바지에 맞는 [ ][ ]을 찾아.

보기 웃옷 윗옷

4주 3일 학습 끝!
붙임 딱지 붙여요.

2 바른 문장이 되도록 (　　)에서 알맞은 낱말을 골라 ○ 하세요.

① 내일은 추우니까 꼭 **(웃옷 / 윗옷)**을 입고 오세요.

② 원피스는 **(웃옷 / 윗옷)**과 아래옷이 붙어 있어요.

③ 코트, 점퍼는 모두 **(웃옷 / 윗옷)**이에요.

우리 조상들은 웃옷으로 두루마기를 입었어요. 두루마기는 '둘러서 막는 것'이라는 뜻으로, 원래 '두루막이', '두루막'이라고 불리다가 '두루마기'가 되었답니다.

19 4주

헷갈리는 말 살피기

공부한 날짜 월 일

느리다

거북이는 걸음이 느리다.
우리 반은 진도가 느리다.

느리다는 어떤 일을 하는 시간이나 과정이 긴 거예요. 아이와 할머니 걸음은 느리고, 아빠 걸음은 빨라요. 토끼는 빠르지만 거북이는 느리답니다.

늘이다

엿가락을 쭉쭉 늘이다.
햇빛 때문에 커튼을 늘이다.

늘이다는 원래보다 더 길어지게 하는 거예요. 치즈나 고무줄을 당겨서 길게 만들 때에 '늘이다'라고 하지요. 커튼을 내릴 때처럼 아래로 길게 처지게 할 때에도 '늘이다'라고 해요.

늘리다

수출량을 늘리다.
실력을 늘리다.

늘리다는 양이나 수를 더 많게 하거나 크기를 키우거나, 재주나 실력이 자라는 것을 뜻해요. '수출량을 늘리다.', '실력을 늘리다.'라고 하지요. 그럼 어휘 실력을 늘리게 문제를 풀어 볼까요?

1 밑줄 친 낱말이 뜻하는 것을 선으로 연결해 주세요.

나는 걸음이 **느린** 편이에요. •	• 양이나 수를 많게 하다.
반찬의 양을 **늘려** 주세요. •	• 원래보다 길어지게 하다.
고무줄을 너무 **늘이면** 끊어져요. •	• 어떤 일을 하는 시간이 길다.

2 그림을 보고 바르게 설명한 아이에게 ○ 하세요.

햇빛이 눈부시니 커튼을 **늘이자**.

햇빛이 눈부시니 커튼을 **느리자**.

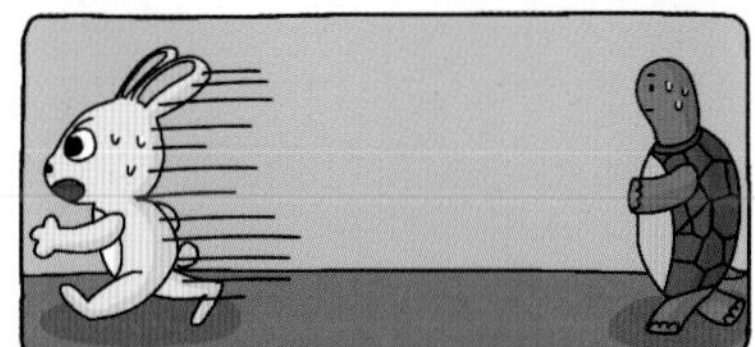

거북이는 토끼보다 **느리다**.

거북이는 토끼보다 **늘이다**.

엄마께서 살림을 **늘이고** 계세요.

엄마께서 살림을 **늘리고** 계세요.

3 바른 문장이 되도록 알맞은 글자를 골라 따라 써 보세요.

① 학교 운동장 크기를 더 [느] [늘] [리] [이] 다.

② 내 친구는 행동이 [느] [늘] [리] [이] 다.

③ 나무 사이에 빨랫줄을 [느] [늘] [리] [이] 다.

여위다

얼굴이 핼쑥하게 여위다.
손가락이 가늘게 여위다.

여위다는 살이 빠져서 얼굴빛이나 살색이 핏기가 없는 거예요. 오래간만에 만난 이모가 다이어트로 살이 빠졌다면, '이모 얼굴이 많이 여위었어요.'라고 인사하면 돼요. '여위다'보다 조금 덜 핼쑥한 모습은 '야위다'예요. 비슷한말로 '상하다', '홀쭉하다', '초췌하다', '수척하다' 등이 있어요. 여위다는 사람뿐 아니라 다른 곳에도 쓸 수 있어요. 가뭄으로 강물이 얕아지면 '강물이 여위었다.'라고 하고, 달빛이 약해지면 '달빛이 여위었다.'처럼 써요.

여의다

부모를 여의다.
딸을 여의다.

여의다는 죽음 때문에 가까운 사람과 헤어진다는 뜻이에요. 신데렐라는 어려서 엄마를 여의고 새엄마와 살았어요. 〈심청전〉의 심봉사는 일찌감치 아내를 여의고 혼자서 딸을 키워야 했고요. 또한 '여의다'에는 딸을 멀리 시집보낸다는 의미도 있어요. 편안한 얼굴로 '딸을 여의었다.'라고 말하면 대부분 딸을 시집보냈다는 뜻이에요.

1 밑줄 친 낱말 가운데 틀린 것 두 개를 찾아 X 하세요.

신데렐라가 얼마 전에 엄마를 <u>여위었대요.</u>
그래서 새엄마가 들어왔다면서요?
신데렐라 집
어허, 집안일 열심히 해라!
네.
신데렐라야, 왜 이렇게 <u>여위었니</u>?
다이어트를 하더니 저렇게 되었어요.
거짓말 말아요! CCTV를 보니 신데렐라가 <u>여윈</u> 이유는 당신 때문이던데? 당장 사과하시오!

2 바른 문장이 되도록 (　　)에서 알맞은 낱말을 골라 ○ 하세요.

① 전쟁이 나서 많은 아이가 부모님을 (**여위 / 여의**)었어요.

② 아이들이 제대로 먹지 못해 (**여위 / 여의**)었어요.

③ 심청이는 엄마를 (**여의 / 여위**)고 아버지 손에서 자랐어요.

④ 이모가 너무 많이 (**여위 / 여의**)었다고 엄마께서 걱정하셨어요.

담다

항아리에 물을 담다.
선물에 정성을 담다.

담다는 무언가를 그릇이나 상자 등에 넣는 거예요. 병에 주스를 넣을 때 '주스를 담다.'라고 하고, 고추를 바구니에 넣을 때 '고추를 바구니에 담다.'라고 하지요. 그런데 물건에 어떤 의미를 얹을 때에도 '담다'라고 해요. 정성스레 선물을 준비하면 '선물에 정성을 담다.'라고 하고, 좋은 경치를 그리면 '아름다움을 그림에 담다.' 라고 해요.

담그다

손을 물에 담그다.
김치를 맛있게 담그다.

'담다'와 자주 헷갈리는 말인 담그다는 무언가를 물이나 액체 속에 넣는 거예요. 손을 물에 넣어도 '담그다'라고 하고, 발을 시냇물에 넣어도 '담그다'라고 하지요. 또한 김치나 간장, 된장, 고추장처럼 익을 때까지 그릇에 오래 넣어 두는 것도 '담그다'라고 해요. '김치를 담그다.', '매실액을 담그다.', '고추장을 담그다.' 등으로 쓴답니다.

1 **빈칸에 들어갈 말을 낱말 카드에서 골라 번호로 써 주세요.**

김장을 ☐ 사과를 ☐ 발을 ☐ 밀가루를 ☐

① 담다. **② 담그다.**

2 **헤라클레스가 동굴을 빠져나가려고 해요. 쪽지의 빈칸에 들어갈 말을 찾아 선을 이으면 동굴을 빠져나갈 수 있어요.**

4주 4일 학습 끝!

붙임 딱지 붙여요.

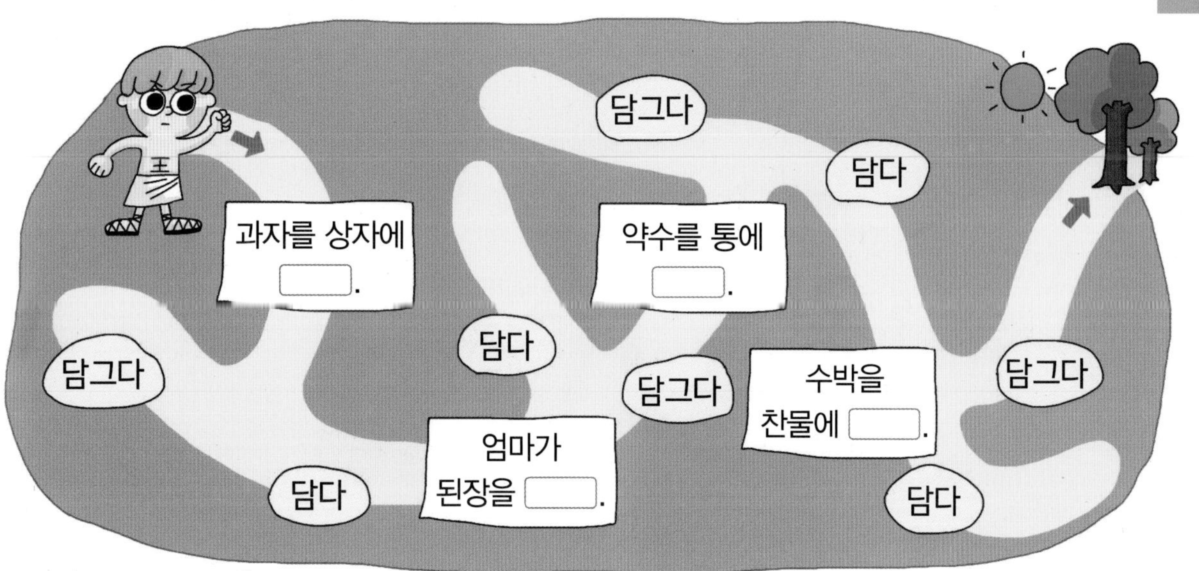

3 **바른 문장이 되도록 (　　)에서 알맞은 낱말을 골라 ○ 하세요.**

① 컵에 양치할 물을 **(담가 / 담아)**요.

② 얼음물에 손을 **(담그니 / 담으니)** 손이 얼얼해요.

③ 꽃에 제 사랑을 **(담가 / 담아)** 드려요.

20 4주 앞뒤에 붙는 말 알아보기

공부한 날짜 월 일

왕王~ 임금 **왕**

- 왕방울 王--
- 왕밤 王-
- 왕고모 王姑母
- 왕고집 王固執

~왕王 임금 **왕**

- 발명왕 發明王
- 저축왕 貯蓄王
- 수학왕 數學王
- 바둑왕 --王

1 설명하는 낱말이 적힌 왕관을 찾아서, 망토와 같은 색으로 칠해 주세요.

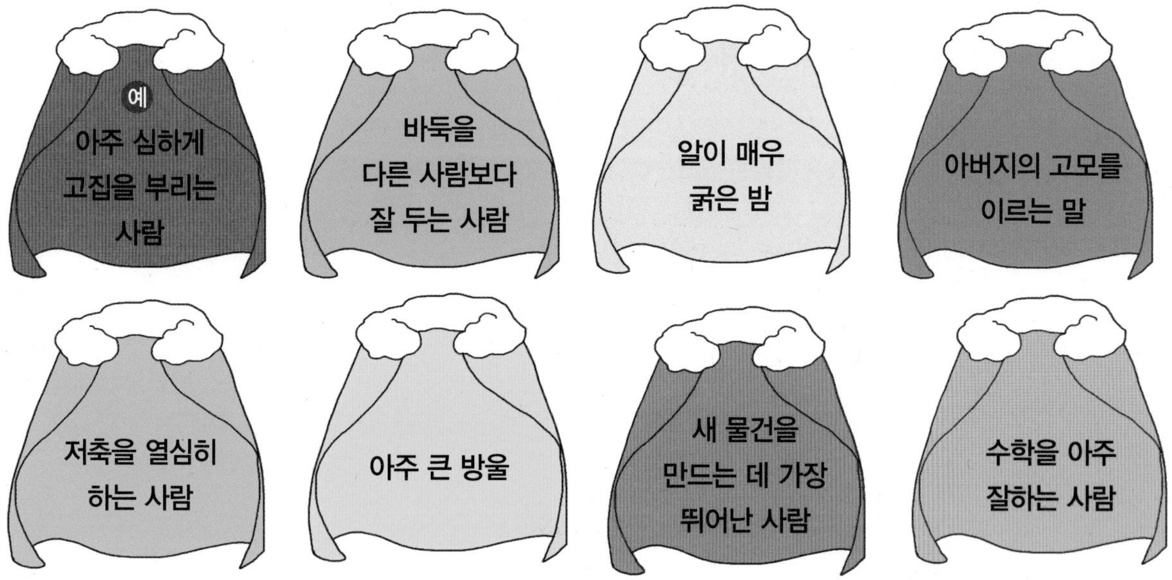

예 아주 심하게 고집을 부리는 사람

바둑을 다른 사람보다 잘 두는 사람

알이 매우 굵은 밤

아버지의 고모를 이르는 말

저축을 열심히 하는 사람

아주 큰 방울

새 물건을 만드는 데 가장 뛰어난 사람

수학을 아주 잘하는 사람

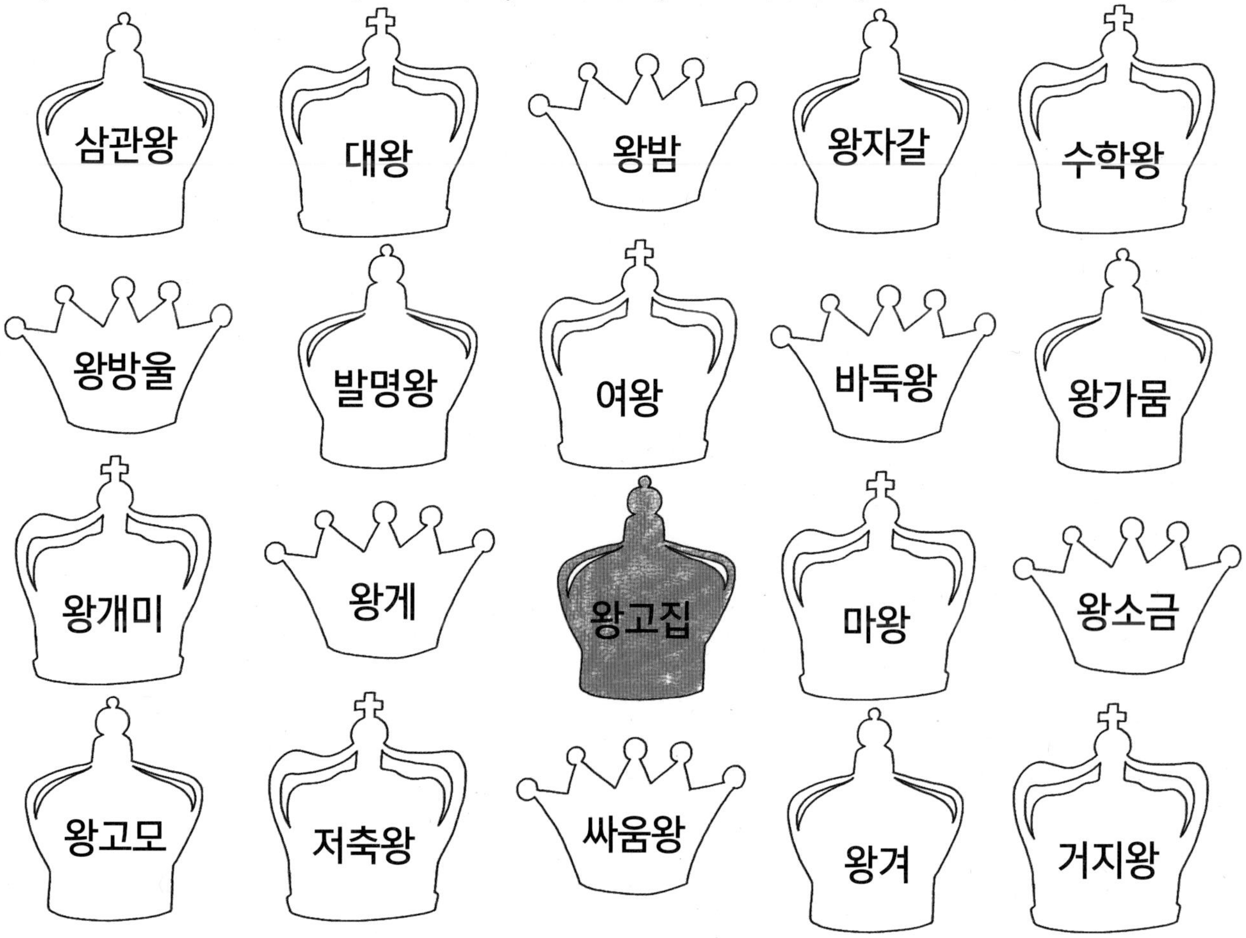

삼관왕　대왕　왕밤　왕자갈　수학왕

왕방울　발명왕　여왕　바둑왕　왕가뭄

왕개미　왕게　왕고집　마왕　왕소금

왕고모　저축왕　싸움왕　왕겨　거지왕

왕방울
王(임금 왕)+방울

'왕'은 낱말 앞에 붙어서 아주 많고 크다는 뜻을 더해요. 그래서 **왕방울** 하면 매우 큰 방울을 가리키지요. '방울'은 눈물방울이나 빗방울처럼 작고 둥근 것을 가리키지만, '왕방울'은 몹시 크고 둥근 것을 가리켜요.

왕밤
王(임금 왕)+밤

왕밤은 크고 알이 굵은 밤이에요. 왕밤처럼 먹는 것에 '왕~'이 붙은 '왕소금', '왕게' 역시 같은 종에서 유독 큰 것을 가리켜요.

왕고모
王(임금 왕)+姑(시어머니 고) 母(어머니 모)

촌수에 '왕~'이 들어가는 경우도 있어요. 바로 왕고모, 왕고모부예요. **왕고모**는 할아버지의 누나나 여동생으로, 아빠의 고모를 이르는 말이지요. 고모할머니와 같은 말이에요. 왕고모의 남편은 '왕고모부'라고 해요.

왕고집
王(임금 왕)+固(굳을 고) 執(잡을 집)

'왕~'은 매우 심한 것을 나타내기도 해요. **왕고집**은 쉽게 수그러들지 않는 매우 억센 고집이나 그런 사람을 가리켜요. 또한 '왕가뭄'은 지나치게 심한 가뭄을 뜻해요.

발명왕
發(필 발) 明(밝을 명)+王(임금 왕)

'왕'이 낱말 끝에 붙으면 어떤 일을 굉장히 잘하는 사람을 나타내요. **발명왕**은 이전에 없던 것을 잘 생각하고 만들어 내는 사람이지요. 전구 등 여러 가지를 발명한 에디슨은 '발명왕 에디슨'이라고 불려요.

저축왕
貯(쌓을 저) 蓄(모을/저축할 축) +王(임금 왕)

저축왕은 다른 사람보다 저축을 많이 하는 사람이에요. '저축'은 쌓아서 모아 두는 것으로, 은행들은 종종 저축왕을 뽑아 상을 주기도 해요.

수학왕
數(셈 수) 學(배울 학)+王(임금 왕)

수학을 아주 잘하는 사람은 **수학왕**이라고 해요. 그러면 수학 중에서도 필기도구 없이 계산하는 암산을 잘하는 사람은 뭐라고 할까요? 맞아요. '암산왕'이라고 해요.

바둑왕
바둑+王(임금 왕)

바둑은 검은 돌을 가진 사람과 흰 돌을 가진 사람이 바둑판에서 승부를 겨루는 놀이예요. 바둑을 잘하는 사람은 **바둑왕**이라고 하지요. 바둑이 아니라 컴퓨터를 잘하면 '컴퓨터왕'이라고 해요.

조선의 발명왕, 장영실

우리 역사에도 뛰어난 발명왕이 있어요. 바로 장영실이에요. 장영실은 조선 시대에 부산에서 노비로 태어났어요. 하지만 발명을 잘해서 임금의 부름을 받아 한양으로 갔지요. 그곳에서 놀라운 기구들을 만들어 낸 장영실은 양반도 오르기 어려운 높은 벼슬까지 올랐답니다. 조선의 발명왕 장영실이 어떤 물건들을 만들었는지 살펴볼까요?

〈장영실의 발명품들〉

혼천의

'혼천의'는 복잡한(흐릴 혼, 渾) 하늘(하늘 천, 天)의 움직임(거동 의, 儀)을 살피는 기구로, 날씨를 짐작하게 도와주었어요. (1433년)

자격루

'자격루'는 물로 시간을 재는 물시계예요. 스스로(스스로 자, 自) 종을 칠 수 있게(칠 격, 擊) 물을 흘려보내는(샐 루/누, 漏) 기구로, 국보 제229호로 지정되었어요. (1434년)

앙부일구

'앙부일구'는 해시계예요. 가마솥 모양(가마 부, 釜)의 쇠 단지에 시간이 표시돼 있고, 해(날 일, 日) 그림자(그림자 귀/구, 晷)가 어디에 있는지를 보고(우러를 앙, 仰) 시간을 알 수 있었어요. (1434년)

측우기

'측우기'는 강우량(비 우, 雨)을 재는(헤아릴 측, 測) 기구(그릇 기, 器)예요. 비가 올 때 그릇 안에 고인 빗물의 높이를 쟀어요. (1441년)

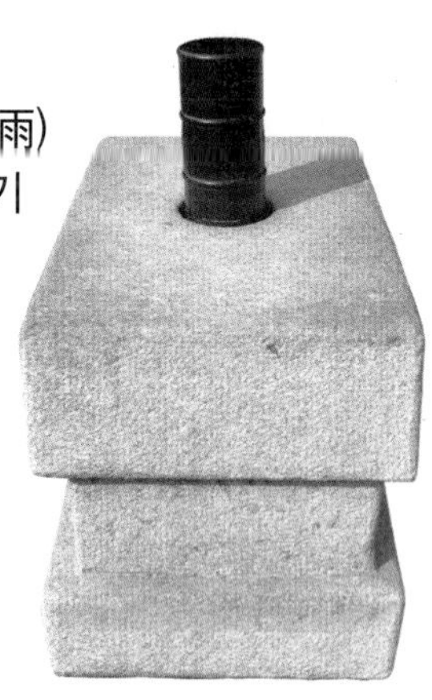

혹시 '노비'라는 말이 무슨 뜻인지 아나요? '노(종 노, 奴)'는 사내종을 뜻하고, '비(여자 종 비, 婢)'는 여자 종을 뜻해요. 그래서 '노비'라고 하면 남종과 여종을 모두 가리켜요. 옛날에는 종을 재산으로 여겼고, 종이 자식을 낳으면 그 자식도 노비가 되었어요.

1 다음 낱말에 어울리는 그림을 찾아 ○ 하세요.

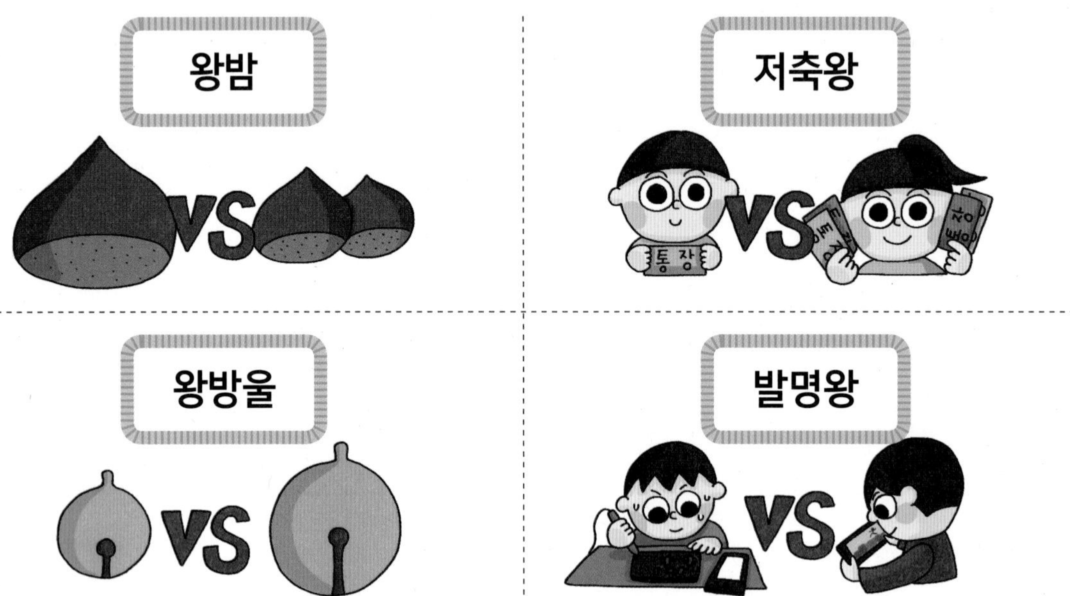

2 속뜻 짐작 ㉮~㉱에 들어갈 낱말을 순서대로 말한 아이를 찾아 붙임 딱지를 붙여 주세요.

서진 아, 네가 축구 잘하는 (㉮) 슛돌이구나.

준 응. 아, 네가 눈 크기로 유명한 (㉯) 땡글이구나.

서진 히히, 눈 큰 것보다는 고집 센 (㉰)으로 더 유명할걸?

준 하긴 나도 축구보다는 바둑 잘 두는 (㉱)으로 더 유명해.

눈이 크면, '왕' 자를 어디에 붙여야 해?

㉮ 축구왕 ㉯ 눈왕
㉰ 왕고집 ㉱ 바둑킹

㉮ 축구왕 ㉯ 왕눈이
㉰ 왕고집 ㉱ 바둑왕

㉮ 왕축구 ㉯ 눈왕이
㉰ 고집왕 ㉱ 왕바둑

'~왕'처럼 낱말 뒤에 붙어서 그런 성질이 많은 사람을 나타내는 말들이 있어요. 어떤 말들이 그런 역할을 하는지 알아봅시다.

~주머니

'주머니'는 원래 물건 등을 담아 두는 것인데 낱말 뒤에 붙어서 어떤 성질이 유난히 많은 사람을 나타내기도 해요.

- **꾀주머니** 꾀가 많거나 꾀를 잘 내는 사람
- **이야깃주머니** 재미있는 이야기를 많이 아는 사람

~뱅이

'~뱅이'는 어떤 특성이 있는 사람이나 사물을 가리켜요.

- **게으름뱅이** 게으름을 부리는 사람
- **느림뱅이** 행동이 느린 사람
- **주정뱅이** 술에 취해 정신없이 말하고 행동하는 사람

4주 5일 학습 끝!

붙임 딱지 붙여요.

~둥이

'~둥이'는 어떤 성질이 있거나 그것과 관련이 있는 사람을 가리켜요.

- **귀염둥이** 아주 귀여운 아이
- **늦둥이** 나이가 많이 들어서 낳은 자식
- **순둥이** 순한 사람
- **재간둥이** 어떤 일을 할 만한 재주와 솜씨가 많은 사람

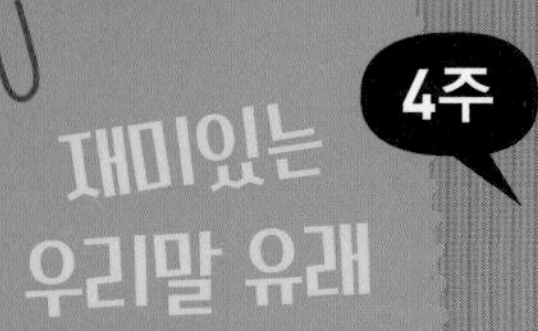

달마다 하루하루를 적은 '달력'

달력(–책력 력, 曆): 일 년 동안의 달, 날, 요일 등을 순서대로 적어 놓은 것이에요.

1주 13쪽 **먼저 확인해 보기**

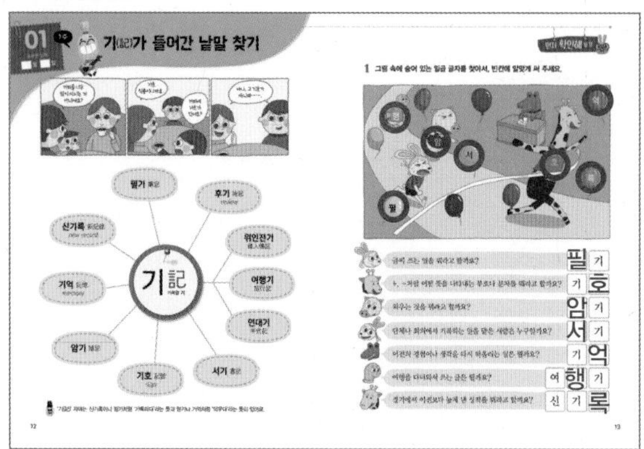

1. '부호'는 +, −처럼 일정한 뜻을 나타내는 표시를 말해요. '단체'는 어떤 목적을 위해 사람들이 모인(둥글/모일 단 團, 몸 체 體) 학교, 군대 같은 거예요.

1주 16쪽 **속뜻 짐작 능력 테스트**

1. '기억'은 전에 있던 일을 머릿속에 새기거나 다시 생각하는 일이에요. '후기'는 어떤 일을 겪은 후에 그 소감을 적은 글이고, '필기'는 글씨를 쓰거나 다른 사람의 말을 받아 적는 일을 뜻해요. 반면 '암기'는 보지 않고도 떠올릴 수 있을 정도로 외우는 일이에요.
2. '신기록'은 이전까지의 기록을 깬 새로운 기록을 뜻해요. '위인전기'는 위대한 사람이 어떻게 살았는지 알려 주는 글이지요. '여행기'는 여행하며 생각하고 느낀 걸 적은 글이에요. 그리고 '기호'는 +, −나 ㄱ, ㄴ, ㄷ처럼 어떤 뜻을 나타내려고 쓰는 부호나 문자 따위를 모두 가리켜요. 한편 '표기'는 문자나 기호로 뜻이 드러나게(겉 표, 表) 쓰는(기록할 기, 記) 거예요.

1주 19쪽 **먼저 확인해 보기**

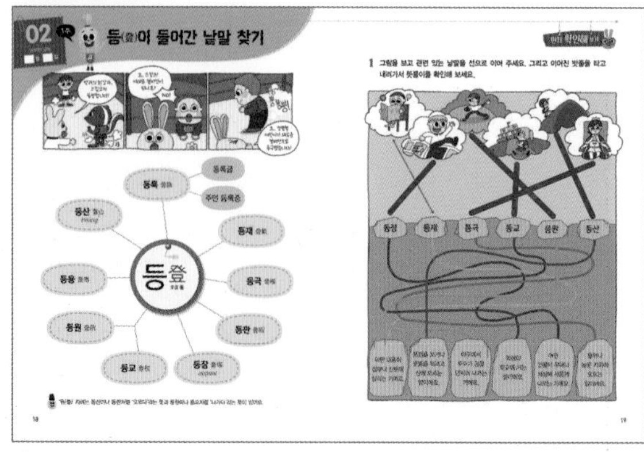

1주 22쪽 **속뜻 짐작 능력 테스트**

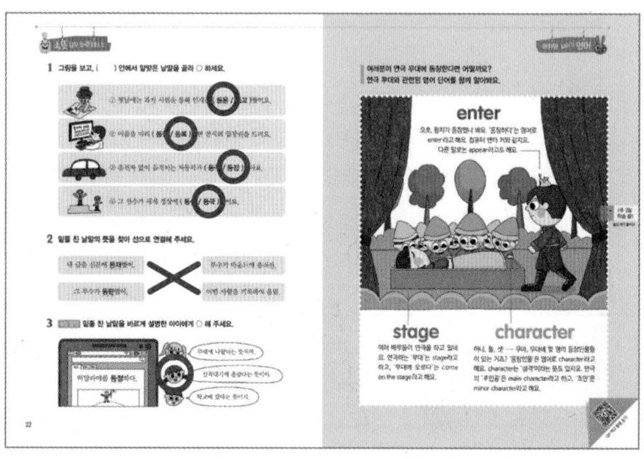

1. 정답은 ① 등용, ② 등록, ③ 등장, ④ 등극이에요.
2. '등재'는 기록해서 올리는 일, '등판'은 투수가 경기에 나오는 일을 뜻해요.
3. '등정'은 산꼭대기(정수리/꼭대기 정, 頂)에 오르는(오를 등, 登) 일을 뜻해요.

1주 25쪽 **먼저 확인해 보기**

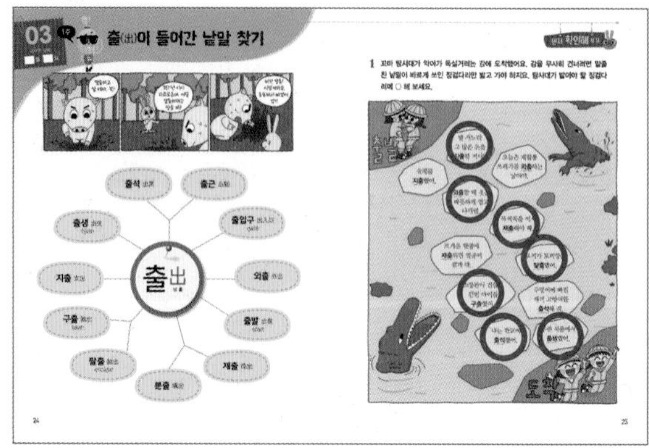

1주 28쪽 속뜻 짐작 능력 테스트

1. 정답은 ①에선 분, 탈을 지우고, ②에선 지, 분을 지우고, ③에선 구, 발을 지워야 해요.
3. '출동'은 군대 등이 일을 하러 나서는(날 출, 出) 것, '출장'은 일하던 곳이 아닌 다른 데로 나가(날 출, 出) 일해 주는(베풀 장, 張) 것이에요.

1주 31쪽 먼저 확인해 보기

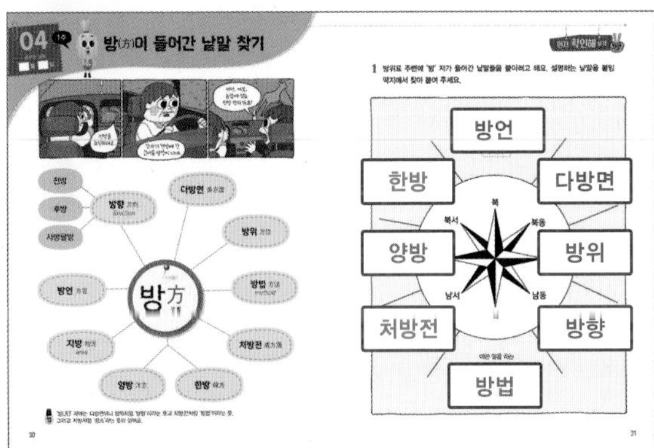

1주 34쪽 속뜻 짐작 능력 테스트

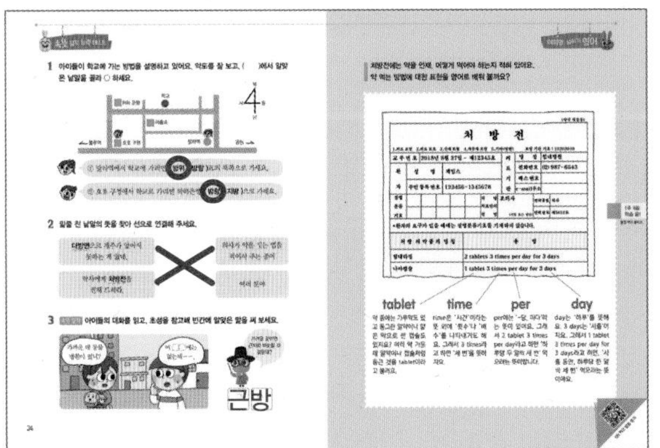

1. 정답은 ① 방위, ② 방향이에요. '지방'은 서울 이외의 지역이나 시골을 뜻해요.
3. '근방'은 가까운(가까울 근, 近) 곳을 뜻해요.

1주 37쪽 먼저 확인해 보기

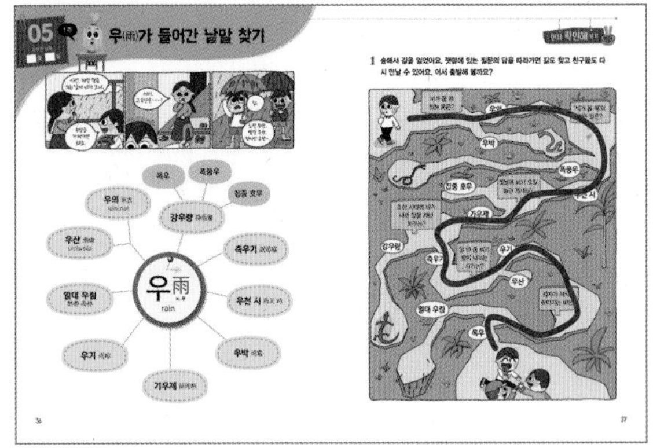

1주 40쪽 속뜻 짐작 능력 테스트

1. 정답은 ① 강우량, ② 측우기, ③ 폭우, ④ 기우제, 열대 우림, ⑤ 우산이에요. '강우량'은 일정한 기간 동안 어느 한곳에 내린 비의 양이고, '측우기'는 비의 양을 재는 기구, '폭우'는 갑자기 사납게 내리는 비, '기우제'는 비가 오랫동안 내리지 않을 때 비가 오기를 빌며 지내는 제사, '열대 우림'은 일 년 내내 날씨가 덥고 비가 많이 내리며 숲이 우거진 곳을 가리켜요. '우산'은 비가 올 때 펼쳐 쓰는 도구예요.
2. '우비'는 비(비 우, 雨)가 올 때 사용하는 장비(갖출 비, 備)를 뜻해요. 우산, 우의, 장화는 물론이고, 옛날에 비옷으로 쓰던 풀로 엮어 만든 '도롱이', '삿갓' 같은 물건들이 모두 '우비'이지요.

2주 45쪽 먼저 확인해 보기

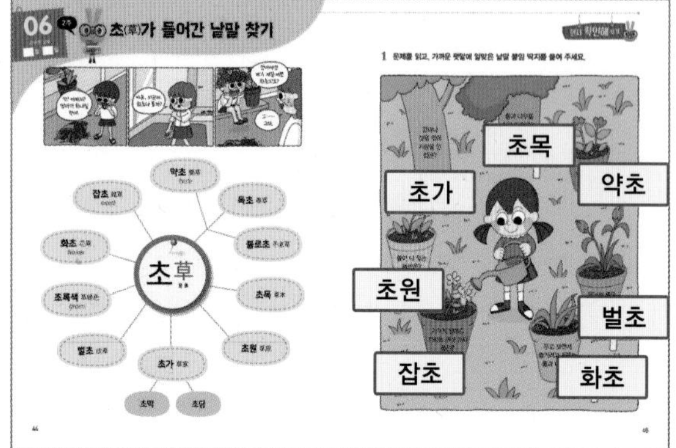

2주 48쪽 속뜻 짐작 능력 테스트

2. '초당'은 풀로 검소하게 지은 집(집 당, 堂)이에요. 바다(바다 해, 海)에서 나는 풀은 '해초'라고 해요.
3. '건초'는 베어서 말린 풀, '제초'는 잡초(풀 초, 草)를 베거나 뽑아서 없애 버리는(덜 제, 除) 일을 뜻해요.

2주 51쪽 먼저 확인해 보기

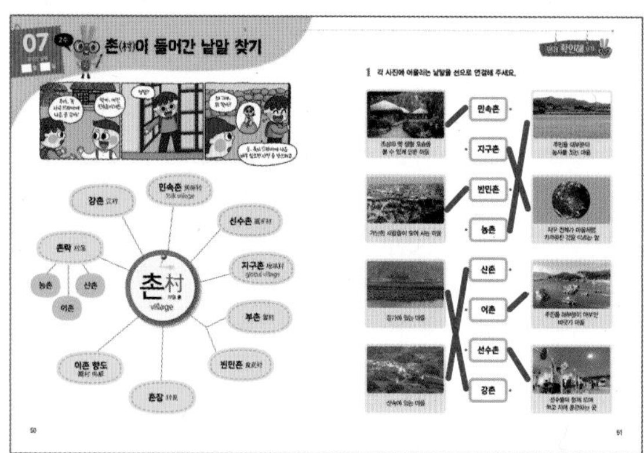

1. '조상'은 돌아가신 어버이 위(위 상, 上)로 대대로 살았던 어른을 뜻하고, '주민'은 어느 지역에 살고 있는(살 주, 住) 사람(백성 민, 民)이에요.

2주 54쪽 속뜻 짐작 능력 테스트

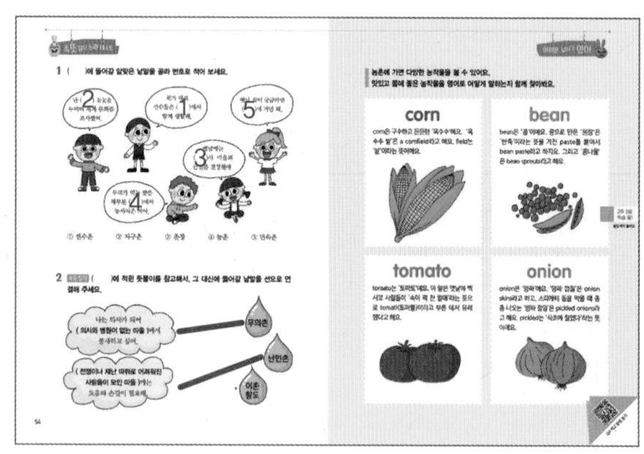

1. '선수촌'은 선수들과 감독, 코치 등이 모여 함께 훈련하는 곳이고, '지구촌'은 교통과 통신의 발달로 지구가 한 마을처럼 된 걸 가리켜요. '촌장'은 마을 우두머리를 뜻하지요. '농촌'은 사람들 대부분이 농사를 짓는 마을이고, '민속촌'은 옛날 사람들의 생활 모습을 보여 주기 위해 만든 시설을 뜻해요.
2. '무의촌'은 의사와 병원(의원 의, 醫)이 없는(없을 무, 無) 마을이에요. '난민촌'은 전쟁이나 재난(어려울 난/란, 難) 등으로 어려워진 사람들(백성 민, 民)이 모여 지내는 마을이지요.

2주 57쪽 먼저 확인해 보기

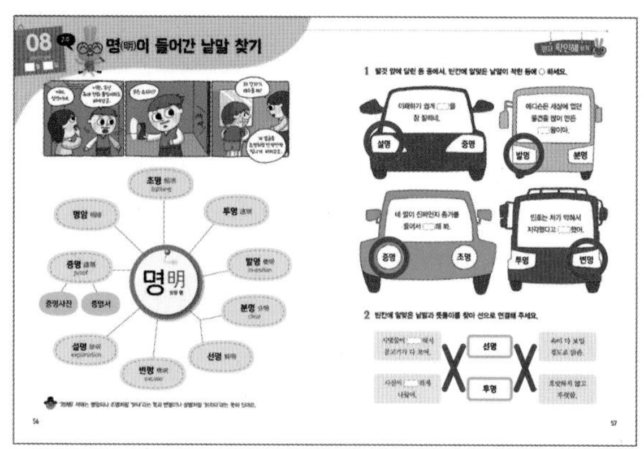

2주 60쪽 속뜻 짐작 능력 테스트

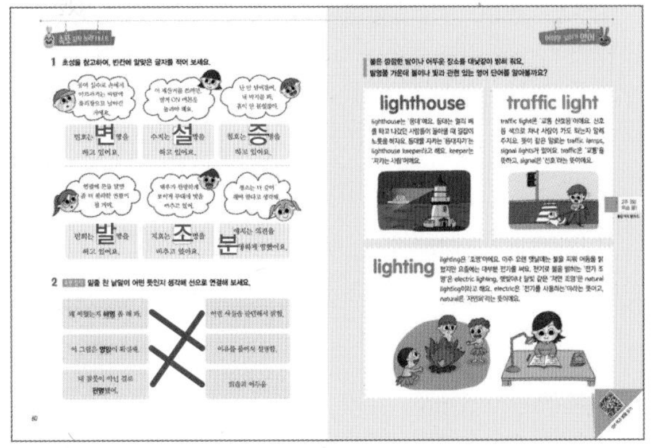

1. '변명'은 자신이 잘못한 까닭을 구실을 대어 말하는 것이고, '설명'은 무언가에 대해 잘 이해할 수 있도록 밝혀 말하는 것이에요. '증명'은 어떤 것에 대해 진짜인지 가짜인지 증거를 들어서 말하는 것이고, '발명'은 이전까지 없던 기술이나 물건 등을 새롭게 만드는 일이지요. '조명'은 밝게 비추는 일이고, '분명'은 확실하고 뚜렷하다는 뜻이에요.
2. '해명'은 이유나 까닭을 풀어서(풀 해, 解) 알려 주는(밝을 명, 明) 거예요. '판명'은 어떤 사실을 판단해(판단할 판, 判) 밝히는(밝을 명, 明) 일이고, '명암'은 밝음과 어두움(어두울 암, 暗)이라는 뜻이에요.

2주 63쪽 먼저 확인해 보기

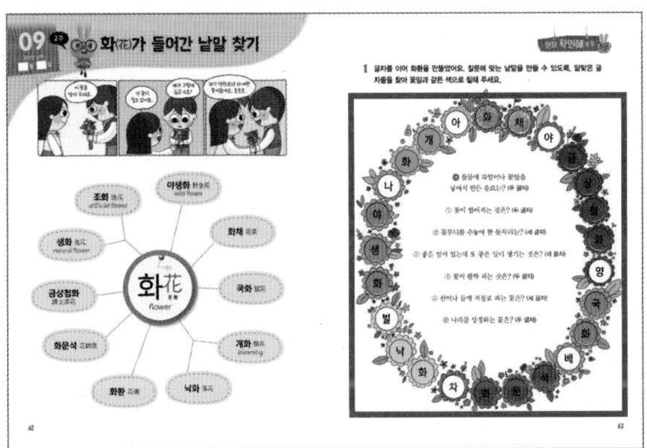

1. 정답은 ① 낙화, ② 화문석, ③ 금상첨화, ④ 개화, ⑤ 야생화, ⑥ 국화예요.

2주 66쪽 속뜻 짐작 능력 테스트

1. '화문석'은 꽃무늬를 새긴 돗자리이고, '금상첨화'는 비단 위에 꽃을 얹는다는 뜻으로 좋은 일이 있는데 또 좋은 일이 생긴다는 뜻이에요.
2. '개화'는 꽃이 활짝 피는 것이고, '낙화'는 꽃이 시들어 떨어지는 것을 뜻해요. '생화'는 향기가 나는 살아있는 꽃이고, '화환'은 꽃으로 둥글게 만든 장식물이에요.
3. 정답은 '헌화'예요. '헌화'는 무덤이나 신전에 꽃을 가져다 바치는(드릴 헌, 獻) 일이에요.

2주 69쪽 먼저 확인해 보기

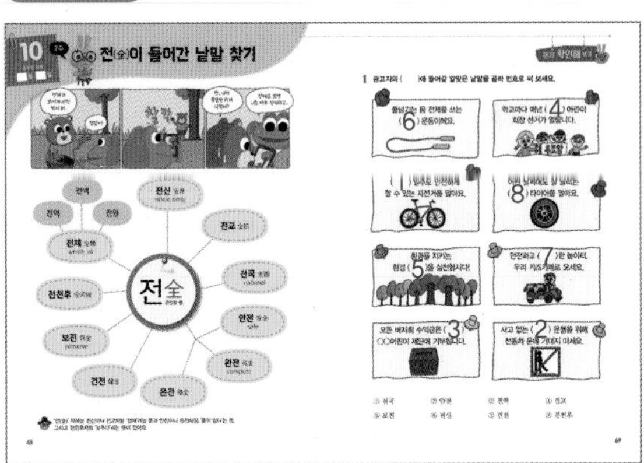

1. '회장'은 어떤 모임(모일 회, 會)을 대표하는(긴 장, 長) 사람이고, '선거'는 나라나 어떤 모임의 대표를 가려서(가릴 선, 選) 뽑는(들 거, 擧) 일이에요. '수익금'은 물건을 팔거나 모금을 해서 거두어들여(거둘 수, 收) 이익이 된(더할 익, 益) 돈(쇠 금, 金)이에요.

2주 72쪽 속뜻 짐작 능력 테스트

1. '완전'은 필요한 것을 모두 갖춰 모자람이 없는 상태, '보전'은 흠이 없게 보호하여 지키는 것을 뜻해요. '전원'은 단체에 속한 모든 사람, '전역'은 모든 지역을 뜻해요.
3. '전력'은 온(온전할 전, 全) 힘(힘 력/역, 力)을 다한다는 뜻이에요.

3주 79쪽 먼저 확인해 보기

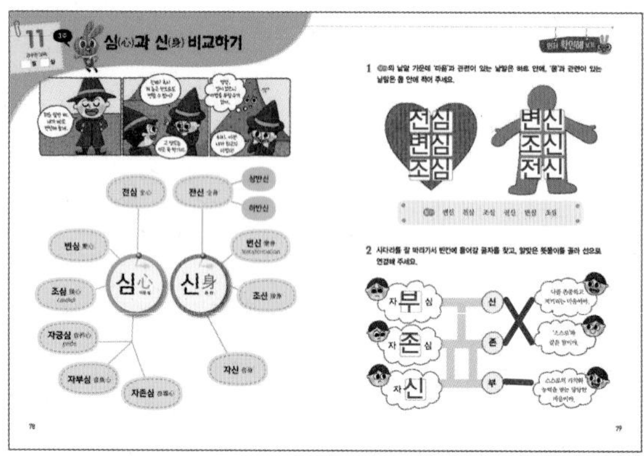

3주 82쪽 속뜻 짐작 능력 테스트

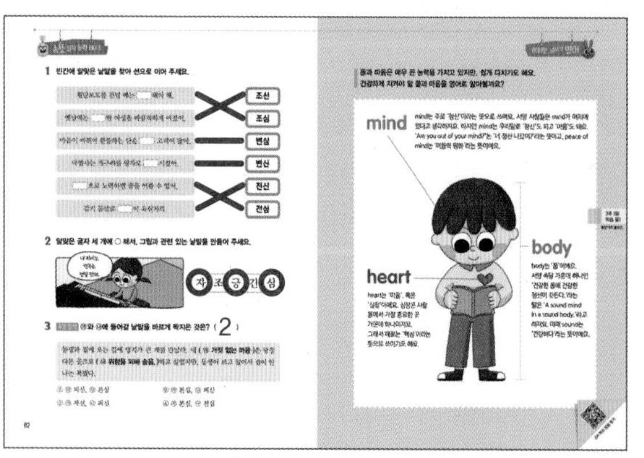

1. '조심'은 잘못하거나 실수하지 않도록 마음을 다잡는 것이고, '조신'은 몸가짐을 얌전하게 하는 것이에요. '변심'은 마음을, '변신'은 몸을 바꾸는 것이에요. '전심'은 온 마음, '전신'은 온몸을 뜻해요.
2. '자긍심'은 자신의 능력을 믿고 긍지를 갖는 마음을 뜻해요.
3. '본심'은 원래(근본 본, 本)의 거짓 없는 마음(마음 심, 心)을, '피신'은 위험으로부터 몸(몸 신, 身)을 피하는(피할 피, 避) 일을 뜻해요.

3주 85쪽 먼저 확인해 보기

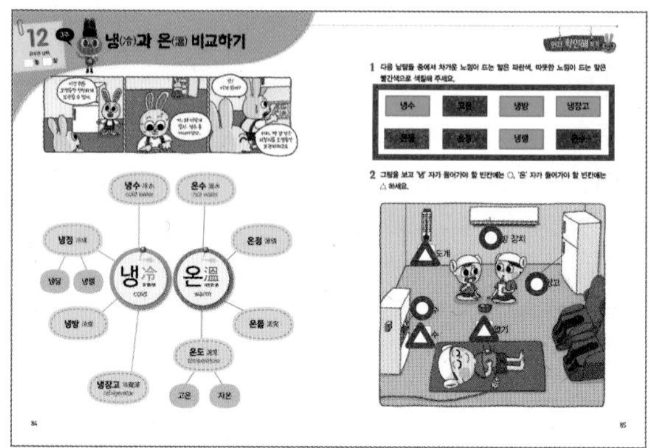

3주 88쪽 속뜻 짐작 능력 테스트

3. '온돌'은 방을 데워 주는 장치이고, '보온병'은 바깥 온도와 상관없이 따뜻한 온기(따뜻할 온, 溫)를 지켜 주는(지킬 보, 保) 병(병/단지 병, 甁)이에요. '온풍기'는 따뜻한 바람(바람 풍, 風)이 나오는 기구(그릇 기, 器)지요. 반면 '냉장고'는 음식이나 약 등을 차게(찰 냉/랭, 冷) 보관하는 곳이고, '냉동고'는 음식을 얼려서(얼 동, 凍) 보관하는 곳을 가리켜요.

3주 91쪽 먼저 확인해 보기

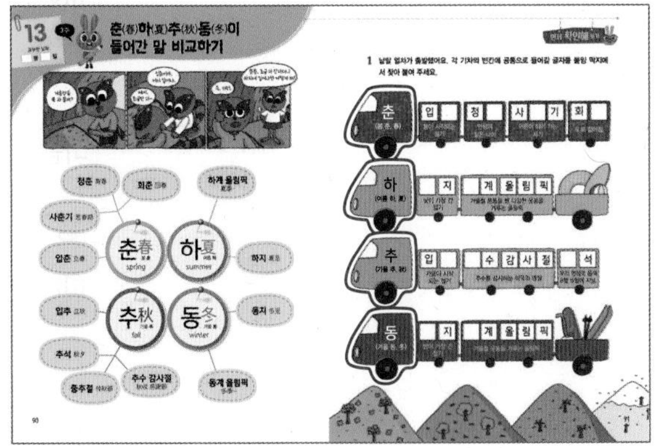

1. '절기'는 계절(마디 절, 節)마다 날씨(기운 기, 氣)가 달라지는 걸 기준으로 일 년을 스물넷으로 나눈 거예요. '추수'는 가을(가을 추, 秋)에 익은 곡식을 거두어들이는(거둘 수, 收) 일을 뜻해요.

3주 94쪽 속뜻 짐작 능력 테스트

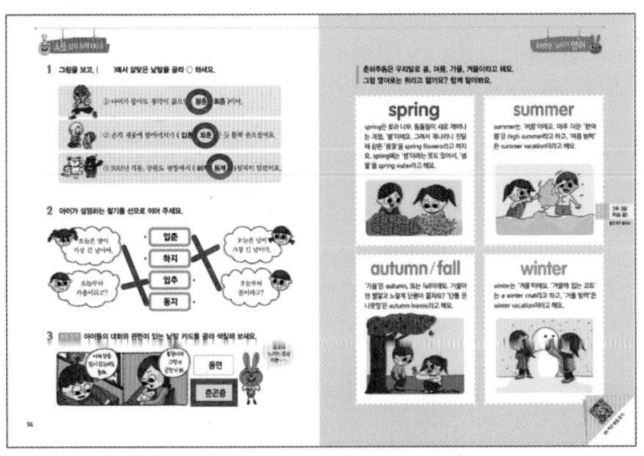

1. 정답은 ① 청춘, ② 회춘, ③ 동계예요. '청춘'은 한창 젊고 건강한 때, '회춘'은 나이가 들었지만 다시 젊어진 듯 힘찬 모습, '동계'는 겨울철을 뜻해요.
2. '입춘'은 봄이 시작되는 절기, '하지'는 한여름에 낮이 가장 긴 절기, '입추'는 가을이 시작되는 절기, '동지'는 한겨울에 밤이 가장 긴 절기예요.
3. 봄(봄 춘, 春)에 유난히 몸이 피곤해지는(곤할 곤, 困) 증세(증세 증, 症)를 '춘곤증'이라고 불러요. '동면'은 겨울잠이에요.

3주 97쪽 먼저 확인해 보기

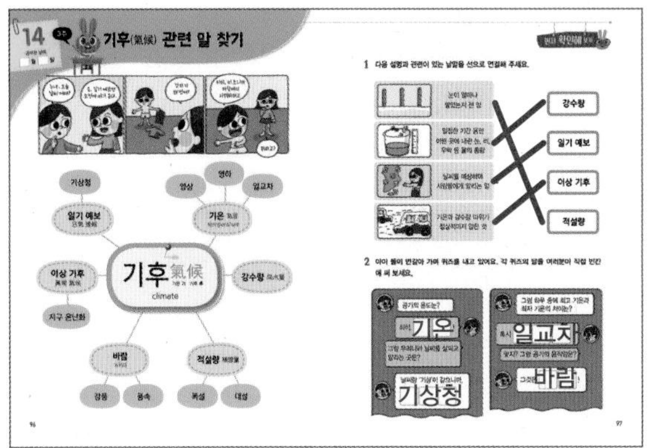

1. '예상'은 어떤 일을 겪기 전에 미리(미리 예, 豫) 생각하는(생각 상, 想) 거예요.

3주 100쪽 속뜻 짐작 능력 테스트

1. '적설량'은 눈이 얼마나 쌓였는지 잰 양, '강풍'은 빠르고 세게 부는 바람, '강수량'은 일정한 기간 동안 눈, 비, 우박이 내린 물의 양, '대설'은 아주 많이 내리는 눈, '지구 온난화'는 지구가 따뜻해지는 현상, '일교차'는 하루 중 가장 낮은 기온과 높은 기온의 차이를 뜻해요.
2. '폭우'는 갑자기 세게(사나울 폭/포, 暴) 내리는 비(비 우, 雨), '폭설'은 갑자기 세게(사나울 폭/포, 暴) 내리는 눈(눈 설, 雪)이에요. '이상 기후'는 평소 기후와 달리 비가 너무 많이 오거나, 날씨가 너무 덥거나 추운 이상한 기후를 가리켜요.

3주 103쪽 먼저 확인해 보기

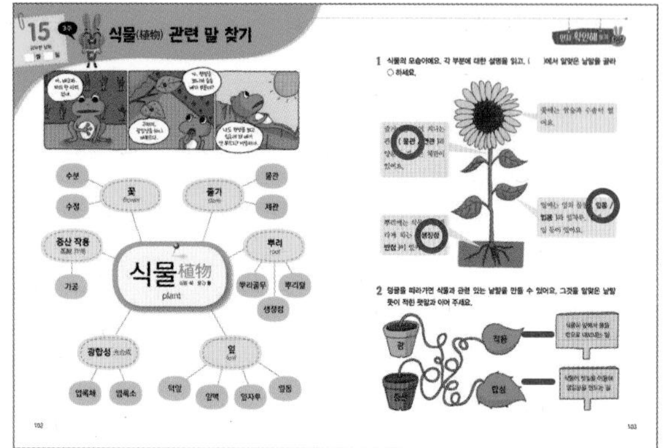

1. 정답은 줄기에는 '물관', 잎에는 '잎몸', 뿌리에는 '생장점'이에요. '양분'은 생물이 살아가는 데 필요한 영양 성분을 뜻해요. '영양분'으로 바꿔 쓸 수 있어요.

3주 106쪽 속뜻 짐작 능력 테스트

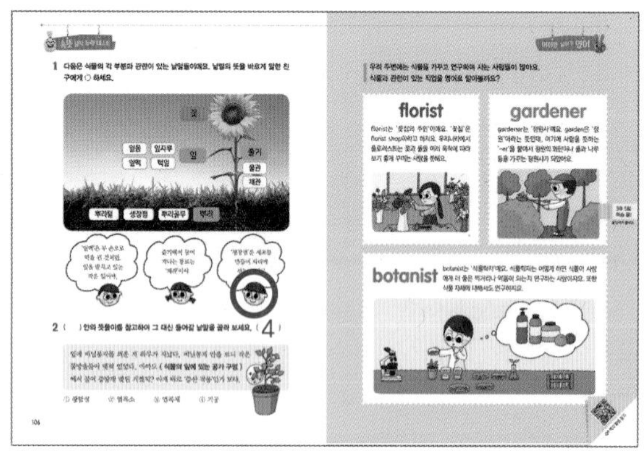

1. 두 손으로 턱을 괸 것처럼 잎사귀를 받치는 잎은 '턱잎'이에요. 줄기에서 물이 지나가는 통로는 '물관'이에요. '체관'으로는 영양분이 지나가요.
2. '기공'은 식물의 잎에 있는 공기 구멍을 가리켜요. '증산 작용'은 뿌리에서 빨아들인 물이 여러 일을 하고 나서 기공을 통해 밖으로 나가는 작용이지요.

4주 113쪽 먼저 확인해 보기

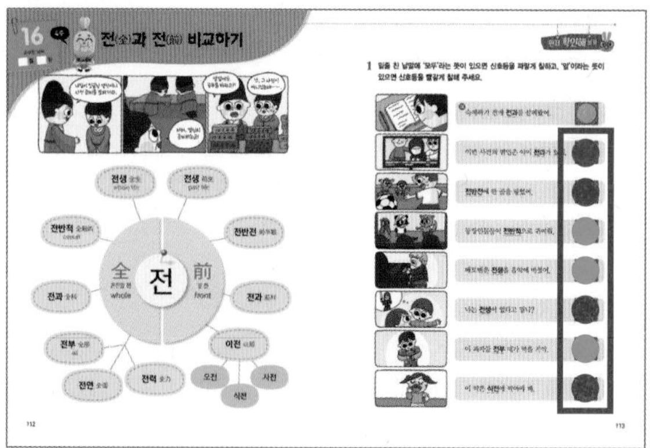

4주 116쪽 속뜻 짐작 능력 테스트

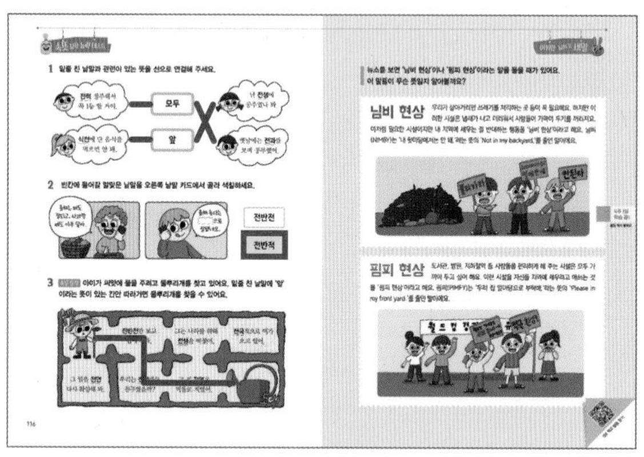

1. '온전할 전(全)' 자가 들어간 '전력'은 온 힘, '전과'는 모든 과목, 혹은 공부를 도와주는 참고서를 뜻해요. 그리고 '앞 전(前)' 자가 들어간 '식전'은 밥을 먹기 전이라는 뜻이고, '전생'은 태어나기 전의 인생을 뜻해요.
2. '전반적'은 어떤 일에 관련된 전체를 가리켜요. 그리고 '전반전'은 경기 시간을 둘로 나눴을 때, 앞의 경기 시간이에요.
3. '앞 전(前)' 자가 들어간 '전면'은 앞면 혹은 앞쪽이라는 뜻이에요. 반면 '온전할 전(全)' 자가 들어간 '전면'은 모든 면, 모든 부분을 뜻하지요. '전국'은 나라 전체를 뜻해요.

4주 119쪽 먼저 확인해 보기

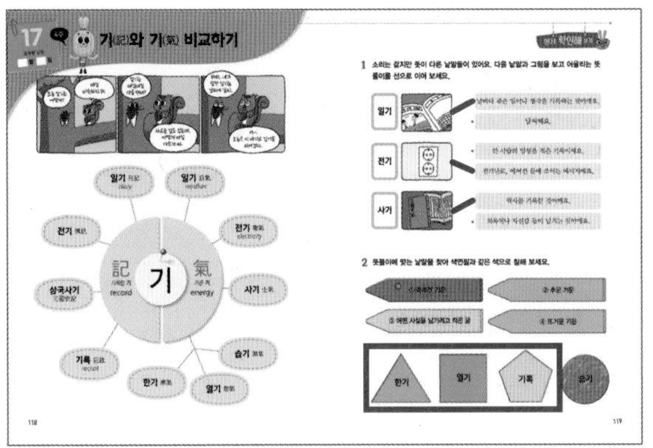

1. '역사'는 지구 위의 사람들이 지내 온(지낼 력/역, 歷) 과정, 또는 그 기록이에요.

4주 122쪽 속뜻 짐작 능력 테스트

1. '기록할 기(記)' 자가 들어간 '일기'는 날마다 겪은 일이나 생각을 적는 글이고, '전기'는 어떤 사람의 인생을 기록한 글이에요. 또한 '삼국사기'는 고구려, 백제, 신라 삼국의 역사를 담은 책이에요. 반면 '기운 기(氣)' 자가 들어간 '사기'는 의욕이나 자신감이 가득 차 있는 것이고, '전기'는 텔레비전, 다리미, 냉장고 작동에 필요한 에너지를 가리켜요. '일기'는 날씨를 뜻하지요.
2. '기재'는 기록해서(기록할 기, 記) 올리는(실을 재, 載) 일이고, '기색'은 마음속 분위기(기운 기, 氣)가 얼굴빛(빛 색, 色)으로 드러나 보이는 거예요. '기자'는 신문이나 잡지, 방송에 나갈 새로운 소식을 쓰는(기록할 기, 記) 사람(사람 자, 者)이고, '인기'는 어떤 사람(사람 인, 人)에 대한 사람들의 호감과 관심(기운 기, 氣)을 뜻해요.

4주 125쪽 속뜻 짐작 능력 테스트

1. 정답은 '혹을 단 체'와 '혹체'예요. 각각 '혹을 단 채'와 '혹째'로 바꿔야 해요.

4주 127쪽 속뜻 짐작 능력 테스트

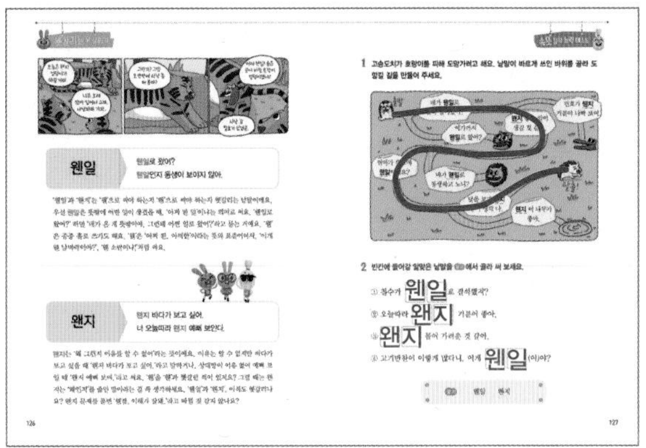

4주 129쪽 속뜻 짐작 능력 테스트

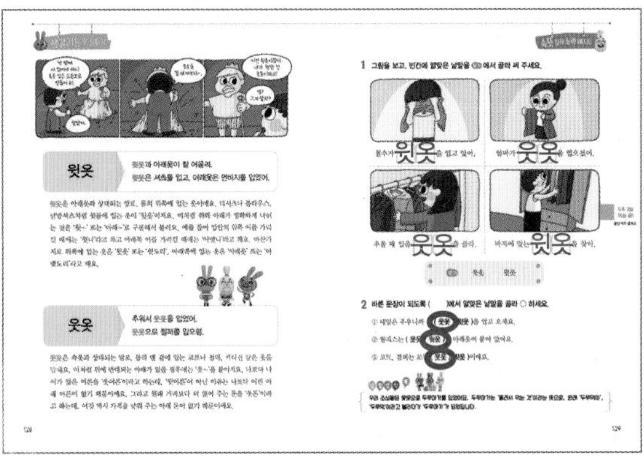

2. 정답은 ① 웃옷, ② 윗옷, ③ 웃옷이에요.

4주 131쪽 속뜻 짐작 능력 테스트

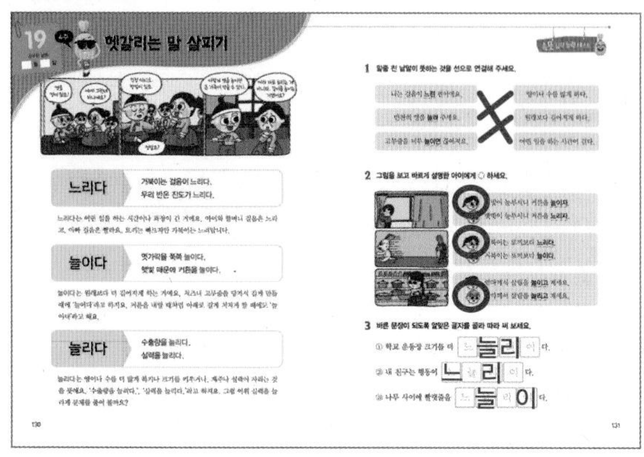

3. '늘리다'는 양이나 수를 더 많게 하거나 크기를 키우는 것이고, '느리다'는 어떤 일을 하는 시간이나 과정이 긴 것, '늘이다'는 더 길어지게 하는 거예요.

4주 133쪽 속뜻 짐작 능력 테스트

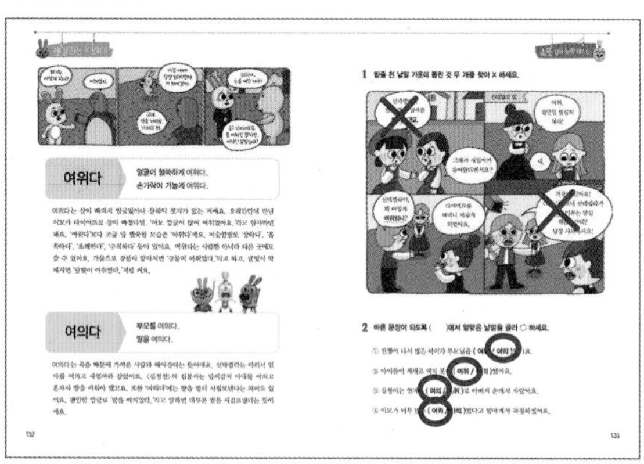

2. 정답은 ① 여의, ② 여위, ③ 여의, ④ 여위예요.

4주 135쪽 속뜻 짐작 능력 테스트

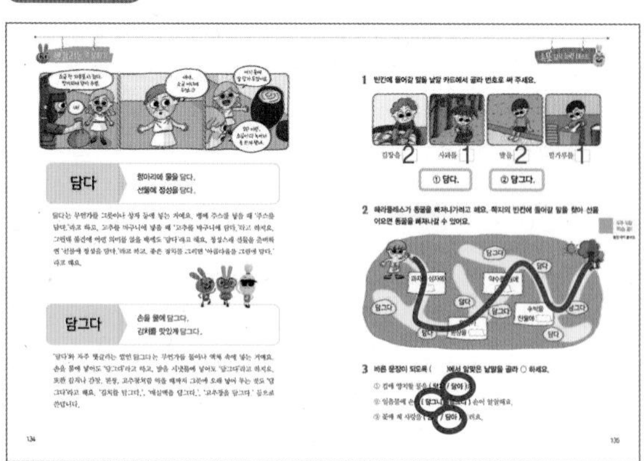

3. 정답은 ① 담아, ② 담그니, ③ 담아예요.

4주 137쪽 먼저 확인해 보기

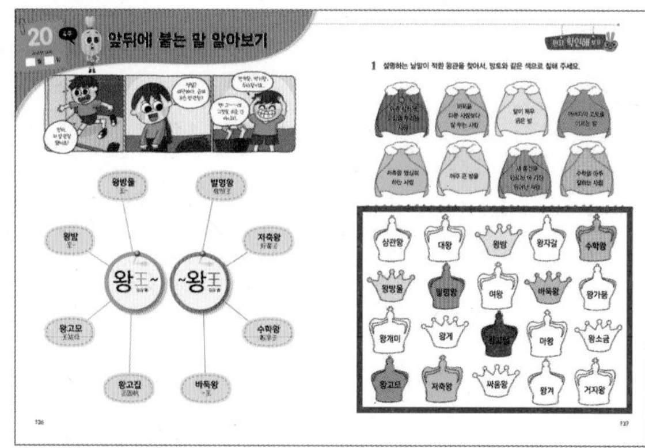

4주 140쪽 속뜻 짐작 능력 테스트

1. '왕밤'은 다른 밤보다 큰 밤을 뜻하고, '왕방울'은 다른 방울보다 큰 방울을 가리켜요. 그리고 '저축왕'은 저축을 아주 많이 하는 사람을 가리키고, '발명왕'은 발명을 잘하고 많이 하는 사람을 뜻하지요.
2. 축구를 아주 잘하는 사람은 '축구왕'이라고 하고, 바둑을 아주 잘 두는 사람은 '바둑왕'이라고 해요. 그리고 눈이 아주 큰 사람은 '왕눈이'라고 하고, 고집이 아주 센 사람은 '왕고집'이라고 부른답니다.

〈세 마리 토끼 잡는 초등 어휘〉 A단계 2권

★ 하루 공부가 끝나는 곳에 붙임 딱지를 ❶~❸처럼 붙여 주세요.

1주 1일 학습 끝!	1주 2일 학습 끝!	1주 3일 학습 끝!	1주 4일 학습 끝!	1주 5일 학습 끝!
2주 1일 학습 끝!	2주 2일 학습 끝!	2주 3일 학습 끝!	2주 4일 학습 끝!	2주 5일 학습 끝!
3주 1일 학습 끝!	3주 2일 학습 끝!	3주 3일 학습 끝!	3주 4일 학습 끝!	3주 5일 학습 끝!
4주 1일 학습 끝!	4주 2일 학습 끝!	4주 3일 학습 끝!	4주 4일 학습 끝!	4주 5일 학습 끝!

❶ 붙임 딱지의 왼쪽 끝을 붙임 딱지 자리에 잘 맞추어 붙이세요.
❷ 오른쪽에 남은 부분은 점선을 따라 접어 뒤로 붙이세요.
❸ 붙임 딱지를 붙인 모습이에요.

★ 해당 쪽에 알맞은 붙임 딱지를 붙여 주세요.

16쪽

40쪽

31쪽

방언 한방 방위 양방

방향 방법 다방면 처방전

45쪽

벌초 약초 초목 초원

잡초 화초 초가

88쪽

66쪽

화환 생화 화문석 개화 낙화

91쪽

140쪽